法藏知津

八　編

杜　潔　祥　主編

第 20 冊

河陽寶卷研究（下）

李　淑　如　著

花木蘭文化事業有限公司

國家圖書館出版品預行編目資料

河陽寶卷研究（下）／李淑如　著 -- 初版 -- 新北市：花木蘭
文化事業有限公司，2022〔民 111〕
目 4+170 面；19×26 公分
（法藏知津八編　第 20 冊）
ISBN 978-986-518-641-8（精裝）
1. 寶卷 2. 民間信仰 3. 研究考訂
011.08　　　　　　　　　　　　　　　　110012102

ISBN-978-986-518-641-8

9 789865 186418

法藏知津八編
第二十冊　　　　　　　　　　ISBN：978-986-518-641-8

河陽寶卷研究（下）

作　　者　李淑如
主　　編　杜潔祥
副總編輯　楊嘉樂
編輯主任　許郁翎
編　　輯　張雅淋、潘玟靜、劉子瑄　美術編輯　陳逸婷
出　　版　花木蘭文化事業有限公司
發 行 人　高小娟
聯絡地址　235 新北市中和區中安街七二號十三樓
　　　　　電話：02-2923-1455／傳真：02-2923-1452
網　　址　http://www.huamulan.tw 信箱 service@huamulans.com
印　　刷　普羅文化出版廣告事業
初　　版　2022 年 3 月
定　　價　八編 22 冊（精裝）新台幣 50,000 元　　　版權所有‧請勿翻印

河陽寶卷研究（下）

李淑如 著

第七章　河陽寶卷的特色

　　此章主要論述由河陽寶卷的內容特徵和信仰教化娛樂功能，所影響的口頭文學特徵與藝術內涵。寶卷語言是純粹的吳方言，念白、唱詞都以方言押韻，講唱起來朗朗上口。此外，寶卷還大量融入河陽地區的民間俗語、諺語、謎語、民歌等，甚至還巧妙地插進唐詩、《詩經》、《論語》、宋詩中的詩文，各種文體的結合都參見其中，雅俗共賞。其傳播方式有二：一是文字傳播，二是口頭流傳。寶卷的故事都較長，最短的也有五六千字，最長的達八、九萬字。當地人認為抄卷是積功德，能識字的人都願意抄。抄了自己保存，也可以贈送親朋好友，增添福氣，不識字的人請人抄，靠它鎮妖避邪。也有少數寶卷是木刻本、石印本。寶卷流傳最基本的方式是「宣卷」。民間寶卷內容的特徵，同它的信仰、教化、娛樂功能密切相關，其核心是勸善，善有善報，惡有惡報。寶卷的開頭和結尾，大都有「壇前宣卷免三災、今日齋主念此卷，年年四季保平安」或「善惡到頭總有報，則曾來早與來遲」〔註1〕之類的語句。這種信仰特徵，影響了寶卷故事的結構，也影響了寶卷的文學特色與藝術價值。善惡的因果報應，必有現世報，也可以追及人物的前生，延及子孫和來世。執行這種善惡判斷和賞罰的是居於天上人間地獄中的眾多神鬼，如玉皇大帝、王母娘娘、灶王、土地、財神、城隍、地藏王、東嶽大帝等，也有人間的帝王。

　　不論寶卷改編自民間傳說或俗文學傳統故事，不論它們的情節多麼曲折、複雜，大都納入上述因果報應的模式。比如改編孟姜女傳說故事的寶卷，

〔註 1〕　《中國‧河陽寶卷集》（上），上海：上海文化出版社，2007 年 10 月，頁 140。

有的說萬喜良和孟姜女本來就是天上的芒童仙官和七星仙姑，是為解救萬民之難下凡（《孟姜仙女寶卷》）；吳語區較早改編的《孟姜女卷》，無法改變許孟姜和范杞梁的悲劇結局，但讓范杞梁在家時已娶徐氏為妻，並生有一子。范杞梁的兒子不僅得官，且與知府張太爺的女兒訂親，范、許、孟、姜四家合做一家。范的兒子後來生了四個兒子接續四姓香火。迫害范杞梁的蒙恬，則遭天雷打死。因此，隨著民風開化與社會時代的進步，寶卷的創作者融合更多新元素與新想法於寶卷之中。

民間寶卷是在信仰活動中演唱的，聽眾都是帶著信仰情懷去聽寶卷。民間寶卷的演唱也繼承了佛教寶卷和佛的形式，在唱詞的結尾處（多為下句），由聽眾合唱佛號阿彌陀佛（或南無阿彌陀佛）。吳語區宣卷曲調豐富，和唱佛號可以成為一個樂段。這種聽唱者當場參與演唱的特殊形式，使聽卷眾人參與演唱，精神處於興奮狀態；聽卷人的心靈同寶卷故事人物的悲歡離合融為一體。許多寶卷都是雷同的故事，且聽卷人不止聽過一次，但每次都使他們激動不已。不僅身心得到充分愉悅，也自覺地接受了寶卷的教化。

清末和近現代民間寶卷大量改編彈詞、鼓詞等說唱文學傳統故事，同時也借鑒它們的藝術形式，注意人物和細節的描寫。特別是吳語區的書派宣卷的角色，宣卷藝人在演唱時，要模仿不同人物的聲口，與彈詞演唱無異。據前人研究調查，不論北方的民間念卷和吳語區的民間宣卷，都只在小範圍地區繼續存在。但在一些地區，特別是吳語區，民間做會宣卷已納入新的民間信仰活動系統，宣卷藝人在為民家做會宣卷之時，也同時表演民間小戲，年輕的宣卷藝人甚至唱流行歌曲和跳舞。民間的做會宣卷既是一種民間信仰活動，也成為一種新的家庭娛樂活動。

第一節　說唱口吻

河陽寶卷有其獨特的藝術性。它情節曲折，故事情節都很完整，有主線、副線，各種人物形象豐滿。這種鋪排情節和塑造人物的手法，具有中國傳統文學的特色。創作寶卷的口頭藝人還擅長以一個事件為起始，衍生出許許多多故事，給聽眾峰迴路轉、柳暗花明的感覺。而寶卷藝人說唱口吻的靈活運用則影響了宣卷的成功與否，寶卷藝人也會將這樣的狀況紀錄在寶卷上。寶卷的價值在某種程度上是依賴宣演而表現，宣演活動的說唱口吻也是寶卷與書面文學最大的區別。因此這些獨特的說唱套語有很大的研究空間，

它們都是宣講者用以拿捏表演方式或情節的套語。例如河陽寶卷中多數皆有
「不提……再提……」的語句，用在故事場景與情節轉換時固定的模式，「不
提……再提……」就是這種情節提醒的基本形式，如《受生寶卷》中：

  可惜一個丫鬟女，急病不治身亡故。

  不說丫鬟病亡事，再說蔡旭一個人。〔註2〕

丫鬟梅娥早離人世的悲苦略去，情節不再發展，轉向蔡旭求取功名的過程。
這些話語是宣演者對觀眾的指示與提醒，也夾帶著情節與場景的轉換。又如
《鬼谷仙師卷》中「話分兩頭。再說……」為情節轉換的提醒：

  話分兩頭。再說孟門關內，有一戶富家，主人叫趙豐。……〔註3〕

前者說及周氏夫婦得子阿貴喜不自勝，「話分兩頭」另說趙豐的故事。再如
《碧玉簪卷》先行講述了浙江嘉興府王裕應考的過程，話峰一轉又接山西李
尚書。「不說王裕店中住，再說山西李尚書」〔註4〕，這些都是宣演者對情節
橋段的設計，同時也提醒聽眾要將注意力轉移，藉以讓寶卷故事有層次感，
高潮迭起。提醒聽眾的指示性語言還有暫且將劇情放下的功能，如《翠蓮卷》
王婆對翠蓮歹毒的逼迫正發展到劇情緊張處，宣演者卻說「要聽活捉王婆事，
下本經文細表明。」〔註5〕因為《翠蓮卷》篇幅較長分上、下兩卷，依寶卷的
現場宣演而言，上卷的時間進行已超過兩小時，為了讓宣演者與聽眾皆能獲
得休息，故宣完上卷須有中場休息時間。將劇情凝結在精彩處不只為了吸引
聽眾，也是確保宣演流程的順利，讓休息過後再開始的宣演能很快的進入狀
況，有助於聽眾迅速就坐，減少會場走動帶來的喧嘩與不便。

  說唱口吻因為寶卷藝人的不同，而有各自的風格。女性的藝人講經又與
男性不同。如常陰沙管理區的女藝人許秀芹講經時在卷首皆有「講經本來要
清淨，不能吵鬧講閒文。家常事情不要講，一心一意聽卷文。」〔註6〕之類勸
勉聽眾要專心的話語。同樣地在李玉珍所抄錄的《天寶寶卷》中有「閒言閒
語少要講，家中事情要丟開。」〔註7〕的字句，宣講者身為女性，特別能體會

〔註2〕《中國·河陽寶卷集》（上），上海：上海文化出版社，2007年10月，頁327。

〔註3〕《中國·河陽寶卷集》（上），上海：上海文化出版社，2007年10月，頁316。

〔註4〕《中國·河陽寶卷集》（上），上海：上海文化出版社，2007年10月，頁414。

〔註5〕《中國·河陽寶卷集》（上），上海：上海文化出版社，2007年10月，頁541。

〔註6〕見《游四城寶卷》、《中國·河陽寶卷集》（上），上海：上海文化出版社，2007
   年10月，頁1271。

〔註7〕《中國·河陽寶卷集》（上），上海：上海文化出版社，2007年10月，頁316。

廣大婦女聽眾的心情，因為寶卷的宣演動輒一天，少則半天，對於勞動中的農家婦女而言是需要犧牲家事時間的，因此在寶卷宣演之初，宣講者就利用開篇的機會事前提醒婦女觀眾聽講時要專心，暫時忘卻家中瑣事，方為虔敬。宣演者利用寶卷開篇的篇幅交代宣講時的注意事項是一種常態，也反應宣演者當天的狀態與現場的情況。在《磨刀寶卷》的開始是這麼寫的：

> 大眾請靜心聽，和佛要和響一點，破沙喉嚨不好聽，敬請念佛婆婆
> 原諒二三分。宣揚寶卷大眾聽，家中閒事要丟開，初次講卷不好聽，
> 還望大家別見笑。〔註8〕

可見女性宣講者多半會提醒聽眾「家中閒事要丟開」，而《河陽寶卷》剛好紀錄了宣講者脫離師傅獨立演出時的心情，緊張戒慎之心躍然紙上。同時尚可知寶卷的確不僅有宗教教化的色彩，還兼具娛樂性質，因此初次登台的宣講者要說「初次講卷不好聽」，希望聽眾別介意。由此也可驗證，寶卷是口頭講唱的紀錄本，因此將藝人首次登台的緊張話語也記入其中。除了說唱口吻的影響以外，寶卷宣演者的道德觀念與教育意識也融入寶卷之中，《鬼谷仙師卷》語及趙豐空有大片田產和糧食錢財卻無人繼承的唱嘆是這般描寫：

> 三十無子平平過，四十無子急煞人。
> 五十無子涼清清，六十無子斷六親。〔註9〕

這不只反映了說唱口吻的特色，也突顯了當地人民對親子人倫的價值觀。「又想自己喪夫失子，孤苦一人，若作成此段婚姻，也好減輕一點罪孽，便一口答應。」〔註10〕這也是當地百姓宗教思想的體現，若成人之美便是積陰德，會喪夫失子皆是前世罪孽所導致今生的孤苦，故以積德解套。

　　雖然寶卷藝人在宣卷時仍將抄寫本的寶卷放在桌上宣講，但講時卻未必看著寶卷逐一唱頌，裡頭也有臨時添加的橋段或逗趣的話語。因此，同一部寶卷由不同的藝人宣講所呈現的內容也有所差異。即便是同一個寶卷藝人，講唱同一部寶卷也會因為場合的不同，觀眾的不同而在內容上有所調整，每一部寶卷都是寶卷藝人口頭創作的紀錄本。以《關帝寶卷》為例，《河陽寶卷》中收錄《關帝寶卷》、《關公卷》兩篇寶卷，內容故事講述關羽與劉備、張飛桃園三結義等故事，兩篇故事內容架構相同，但所用的方言與唱詞均不相同。

〔註8〕《中國‧河陽寶卷集》（上），上海：上海文化出版社，2007年10月，頁1281。
〔註9〕《中國‧河陽寶卷集》（上），上海：上海文化出版社，2007年10月，頁316。
〔註10〕《中國‧河陽寶卷集》（上），上海：上海文化出版社，2007年10月，頁317。

這種狀況在《觀音試心寶卷》中更為明顯,《觀音試心寶卷》又名《西瓜寶卷》,在別的地區也見流傳,但《河陽寶卷》中所收錄的版本則加有近人講唱時的添加語句,開篇講述為人在世若有置產:

> 彩色電視全買全,出外缺少嘉陵騎。
>
> 嘉陵牌原是勿稀奇,轎車一輛女司機。
>
> 有了汽車真闊氣。〔註11〕

這五句為藝人講經時自行添加的語句,被紀錄其中。彩色電視為現代社會的娛樂產物,但在河陽地區並非家家戶戶皆能擁有。嘉陵牌摩托車則是中國國產車的大廠牌,故由這兩者可判斷出是藝人自行添加的橋段。放在開篇時講述,目的應該是為了讓聽眾聚焦。除此之外,寶卷抄本也提供了宣演現場狀況可貴的資料,如《太陽卷》:

> 今日宣部太陽卷,齋主處處保平安。
>
> 大家聽了太陽卷,家門康寧保安然。
>
> 二廊誠心和佛音,家家大小免災星。〔註12〕

此處的二廊所指的是宣演會場房屋二廂的廊簷,可見宣演者的臨場發揮,也見當時宣演的盛況,連廊簷下都坐滿了聽寶卷的人,因此出現宏大的和佛聲,展現寶卷藝人與聽眾的互動。

第二節　文體結合

　　河陽寶卷流傳在吳方言區,所紀錄的文字有相當多的方言,方言的書寫也是寶卷的地方特色,在不同的地區,寶卷的文本也因此有不同的詞彙。寶卷是口頭演唱的文本,特別是後期的民間寶卷,大量是用方言書寫的文本,保存了大量民眾口頭語言和文字(民間俗體、簡體、通假字方言用字和錯別字系統)的材料,除了可做語言學的研究參考以外,這些不同文字或語言的運用,在不同的寶卷裡也呈現各種面貌,影響寶卷的藝術價值。河陽地區的寶卷與其它地區的寶卷宣演有一個明顯的區別,即是說唱口吻的不同,上節已經有所討論,而說唱口吻的巧妙又多半建立在語言文字之上。因此,這節就地方方言、俗諺及其他文體語言在河陽寶卷中的使用狀況作探討。

〔註11〕《中國‧河陽寶卷集》(上),上海:上海文化出版社,2007年10月,頁243。
〔註12〕《中國‧河陽寶卷集》(上),上海:上海文化出版社,2007年10月,頁326。

一、地方俗諺

　　河陽寶卷中使用當地方言或俗話的現象隨處可見，如《十王卷》中童子曰：「此等鬼囚，在生貪吃貪懶，大不算小牽鑽。」〔註13〕此句話中的「大不算小牽鑽」是河陽俗語，意思是大的事鋪張浪費不求節省，卻為了蠅頭小利斤斤計較。又見《太姥寶卷》論及聖母生下五公後因「朝吃童男，夜吃童女，造孽如山」〔註14〕，西天龍樹法王看不過去，大顯神通：

　　　　一陣狂風，天像簸篩子，地像逐梭子。〔註15〕

簸篩子是農村用來清除米糧上灰塵、雜物的竹製器具，逐梭子是吳方言，指舊時農村中用小布機織布，梭子左右推動。整句話是用來形容天混地暗，天搖地動的可怕之景。俗語的使用在河陽寶卷佔有不小的比例，如《灶王卷》中也可見：

　　　　灶君菩薩來到黑心人家，查到這戶人家專做壞事，偷人家柴米、雞
　　　　鴨，惡口毒舌咒罵鄉鄰，還要強勢欺人，好事不做，專做睹心味事
　　　　橫行霸道，朝吃日頭，夜吃亮月。〔註16〕

河陽地區方言，稱太陽為日頭、月亮為亮月，「朝吃日頭，夜吃亮月」這句俗話指的是日夜都在算計的貪得無厭之人。同樣有趣生動的俗諺還可見《十王卷》，公主問童子第十重抽腸拔舌地獄的鬼在世時都做何等壞事，童子答：

　　　　他們在陽間行凶霸道，嘴尖舌快，專說大話，反蛆搭舌頭。〔註17〕

「反蛆搭舌頭」也是當地俗語，為搬弄是非、無中生有之意。下例同卷，當公主至第十三重地獄時，公主又問童子，答曰：

　　　　他們在陽間常常說假話，有人搭去燒香念佛，他在背後敲敲篤篤你
　　　　們念佛老太。〔註18〕

「敲敲篤篤」在河陽俗語裡頭是罵人暗隱其名，有指桑罵槐之意。俗諺的使用通常用在小人物的形塑，如《翠蓮卷》中的王婆，向劉全胡說一通李翠蓮的不是，說翠蓮引誘唐僧之事她全看在眼裡是「六月里凍死綿羊，講講大常」〔註19〕，

〔註13〕《中國・河陽寶卷集》（上），上海：上海文化出版社，2007年10月，頁136。
〔註14〕《中國・河陽寶卷集》（上），上海：上海文化出版社，2007年10月，頁69。
〔註15〕《中國・河陽寶卷集》（上），上海：上海文化出版社，2007年10月，頁69。
〔註16〕《中國・河陽寶卷集》（上），上海：上海文化出版社，2007年10月，頁77。
〔註17〕《中國・河陽寶卷集》（上），上海：上海文化出版社，2007年10月，頁137。
〔註18〕《中國・河陽寶卷集》（上），上海：上海文化出版社，2007年10月，頁138。
〔註19〕《中國・河陽寶卷集》（上），上海：上海文化出版社，2007年10月，頁537。

這句河陽當地的俗諺意思是六月能凍死綿羊可見此事說來話長。「大常」，又可作「大長」，或「大頭長」，意同「話長」。

河陽寶卷帶有濃厚的地方色彩，表現在方言的運用和部分的寶卷內容上，大部分的寶卷或多或少都使用了方言，腳本所使用的語言有方言穿插，宣卷時則全用方言演出。地方色彩的表現在寶卷題材的選擇上，與地方特色與信仰有關，如《高神卷》、《城隍卷》都是這樣的例子，在寶卷中還可看到些許描寫地方事物的內容，當地人聽到當地方言敘述當地故事的表演，自然心有戚戚焉，親切的演出也造就了寶卷的盛行。又如《金神卷》，寶卷講述金家趙氏夫人產下一男嬰後，金定邦請來眾親友慶賀，當下場面是：

> 金華火腿成雙對，山珍海味不可論。
>
> 福州橘子河南棗，天津雅梨有名聲。
>
> 杭州蜜棗名聲大，金山蘋果甜又香。〔註20〕

所用的物產都是各地名產，其中還有吳地習俗，如「糕團要做暗八仙，殺雞殺羊鬧盈盈。」〔註21〕與「十六會千吃勿盡，另加幾只小點心」〔註22〕。據田野調查時虞永良所言，其中暗八仙是道教神祇八仙手中所持之物所組成的花紋〔註23〕，因為圖案上只有八仙所持之法器，而無八仙的人像，故稱暗八仙，意指糕餅上的印花圖案必須是暗八仙。暗八仙又稱「道家八寶，因此使用上有寓祝健康長壽之意。「十六會千」是當地風俗，一桌用十六道菜招待貴賓，故名之。與宴會相關的尚有「二十四道筵席，《猛將寶卷》中劉三得子的滿月酒即為「二十四道筵席」〔註24〕，此乃「中回千」。在河陽地區的風俗中，豐盛的酒席有十六道菜以上的稱「小回千，二十四道為「中回千」、三十六道稱「大回千」。展現當地風俗的還有《太姥寶卷》，王婆說其女素珍因貪看拜月華會，遂被石落大仙卷至山中，「拜月華會」是河陽地區吳方言一帶區域所舉辦的民間月華會。舉行時間是一年的正月十五、六月十五、八月十五，此為當地流行的民間法會，《河陽寶卷》中尚收錄有《月華會卷》的經義儀式本。

〔註20〕《中國‧河陽寶卷集》（上），上海：上海文化出版社，2007年10月，頁132。
〔註21〕《中國‧河陽寶卷集》（上），上海：上海文化出版社，2007年10月，頁132。
〔註22〕《中國‧河陽寶卷集》（上），上海：上海文化出版社，2007年10月，頁132。
〔註23〕暗八仙花紋分別是，漢鐘離持扇，呂洞賓持劍，張果老持魚鼓、曹國舅持玉版、鐵拐李持葫蘆，韓湘子持簫，藍采和持花籃，何仙姑持荷花。
〔註24〕《中國‧河陽寶卷集》（上），上海：上海文化出版社，2007年10月，頁16。

二、詩歌、小說

　　由上面論述可見，口語化的表現特徵是寶卷在民間發展的一大特色，因為對象的關係，絕對不可能使用文言紀錄或發展寶卷。但是，寶卷同時又具有教育意義，部份內容以古代文人的詩歌為句，顯現寶卷創作者的自身才學，也形成書面語言的內容。故寶卷出現文體相互結合的狀況，韻散夾雜也佐以詩歌，互相融合之後形成寶卷特有的風格。這樣的融合看似突兀，其實不然。寶卷主體當然是口語化的文字，但詩文的使用則展現宣講藝人的才學實力，進一步可達到說服聽眾、吸引聽眾的教育目標。具有權威性的宣講方能震懾全場，控制宣講的場面，順利完成宣卷的工作。詩歌與寶卷的結合又如《琵琶卷》中「一舉首登龍虎榜，十年身到鳳凰池」〔註25〕之句，此為宋朝張唐卿之詩作：《王花卷》中出現「一寸光陰一寸金，寸金難買寸光陰」〔註26〕這是眾人皆知人珍惜光陰的格言，這句詩的出處為唐代王貞白在廬山五老峰下的白鹿洞時所寫的詩作「讀書不覺已春深，一寸光陰一寸金。」除此之外，有些是直接援引整首詩入寶卷，如《龍王卷》中唐朝杜牧所寫的《江南春》：

　　　　千里鶯啼綠映紅，水村山郭酒旗風。

　　　　南朝四百八十寺，多少樓台煙雨中。〔註27〕

這是詩人所寫春日入目即見的風景，描繪江南的春天，南朝所遺留下來的寺廟在煙雨中的風貌。寶卷則用以表達「梁氏皇帝大興佛教，在各州各縣建造庵堂寺院之事。」〔註28〕藉以襯托卷中龍王寺之美。同樣使用杜牧唐詩的還有《陳子春恩怨寶卷》，描述子春所見之春景：

　　　　時光正在春三景，天地溫和正好行。

　　　　清明時節雨紛紛，路上行人欲斷魂。

　　　　借問酒家何處有，牧童遙指杏花村。

　　　　杏花村裡人熱鬧，鬧是鬧的上新墳。〔註29〕

寶卷所用的是杜牧的《清明》，融入故事中的村景，也借詩句塑造了一個杏花村來描繪哭墳的場景。

　　情節生動的小說也是寶卷創作者結合的題材，前面題過的《二郎卷》即

〔註25〕《中國・河陽寶卷集》（上），上海：上海文化出版社，2007 年 10 月，頁 643。
〔註26〕《中國・河陽寶卷集》（上），上海：上海文化出版社，2007 年 10 月，頁 817。
〔註27〕《中國・河陽寶卷集》（上），上海：上海文化出版社，2007 年 10 月，頁 160。
〔註28〕《中國・河陽寶卷集》（上），上海：上海文化出版社，2007 年 10 月，頁 160。
〔註29〕《中國・河陽寶卷集》（上），上海：上海文化出版社，2007 年 10 月，頁 458。

是一例，故事內容或文字都明顯是脫胎自《西遊記》第六回。

河陽寶卷也與地方歌謠相結合，如《天曹卷》中描寫三官出門游春所見清明節的風俗時提及：

> 春光明媚多姣艷，桃紅柳綠百草青，
>
> 打從西關來經過，各家祭掃上丘墳。
>
> 家家墳上多熱鬧，我家墳上冷清清。〔註30〕

此取自地方歌曲《孟姜女》中的「三月裡來是清明，桃紅柳綠百草青，家家墳上飄白紙，孟家墳頭冷清清。」的唱詞。地方歌曲《孟姜女》是普遍流傳的歌曲，不只在《天曹卷》被部份運用，《孟姜女寶卷》更是將整首歌詞的字句做少數更動後納入其中：

> 正月裡來是新春，家家戶戶點紅燈。
>
> 別人家夫妻有團圓日，孟姜女丈夫造長城。
>
> 二月裡來暖洋洋，燕子雙雙梁上飛。
>
> 銜泥忙把巢來做，孟姜女孤單苦漆漆。
>
> 三月裡來是清明，家家戶戶去上墳。
>
> 別人家墳上飄白紙，孟姜女墳上冷清清。
>
> ……
>
> 十二月裡來忙過年，殺雞宰羊鬧喧天。
>
> 別人家夫妻同飲三杯團圓酒，孟姜女思夫又一年。〔註31〕

這首傳統歌曲由正月唱到十二月，描述孟姜女孤苦無依的生活，深受百姓的同情與喜愛流傳廣泛，所以不同的寶卷也吸收其片段使用。除了山歌與傳統歌曲以外也結合戲曲小品的唱詞，小品劇本——《遊春》中的男唱詞：

> 三月裡來是清明，學友結伴去踏青。
>
> 走過三里桃花店，來到五里杏花村。
>
> 魚兒橋下閃銀鱗，鳥兒枝頭展翅鳴。

結合至寶卷中為：

> 壯元一路回家轉，威風凛凛好驚人。
>
> 三里走過桃花店，五里走過杏花村。〔註32〕

〔註30〕《中國‧河陽寶卷集》（上），上海：上海文化出版社，2007 年 10 月，頁 233。
〔註31〕《中國‧河陽寶卷集》（上），上海：上海文化出版社，2007 年 10 月，頁 396。
〔註32〕《中國‧河陽寶卷集》（上），上海：上海文化出版社，2007 年 10 月，頁 488。

戲劇《大西廂》或《劉三姐上壽》裡也都有相同的歌詞，而這個唱段在《珍珠塔寶卷》裡被使用了兩次，分別用於不同的場合。一是上述所舉的狀元回鄉，另一則是方卿進京趕考的狀況：

> 逢山不看山中景，遇水不看釣魚人。
>
> 三里走過桃花店，五里走過杏花村。〔註33〕

這顯然與寶卷創作者的喜好與主觀意識有關，此處用來描繪方卿的心急與腳程飛快，與上述狀元回鄉之威凜截然不同。類似這種用於表示心急趕路的格式化語句還出現在《城隍寶卷》中：

> 主僕三人就動身，收入行李便登程。
>
> 在路行程無耽擱，一心只想趕路程。
>
> 行過三家桃花店，走過十里杏花村。〔註34〕

三、雜取眾書及山歌

《太陽卷》中論及天地形成的過程變引用《幼學瓊林》的說法：

> 混沌初開，乾坤始奠。氣之輕清而上浮者為天。氣之重濁而下凝者
>
> 為地。天地與人為之三才。日月五星為之七政。〔註35〕

這些引述的觀點不只展現寶卷創作者的才學，也展現他們所認同的思想觀念。此外，河陽寶卷也有與河陽山歌相結合的特徵，因寶卷藝人有時也同為山歌創作者的身份，故兩者相互輝映也更見影響。《賢良卷》即為一明顯的例子，《賢良卷》又名《西湖賢良寶卷》，《賢良卷》明確記載：

> 本卷故事有確切的紀年，是有真人真事，而被神道化後的本子，是
>
> 河陽寶卷由當地講經先生所創作的，其中提到的顧山、尚湖、大河、
>
> 王庄、長涇、陳市、陸家橋等都是今古同名，在河陽山的西南。《十
>
> 二月花名》是河陽山歌中的唱段。〔註36〕

《賢良卷》除了突顯其確有其事外，也體現了寶卷與山歌藝術的創作結合。這些河陽地區的方言在講經中出現，突出了河陽寶卷的地方特色，也強調當地的人文風情。方言的運用是為了迎合聽眾與創作的便利，加強了講經的方便與聽眾的專注力，同時也是寶卷得以保存、延續不斷宣演的因素之一。因

〔註33〕《中國·河陽寶卷集》（上），上海：上海文化出版上，2007年10月，頁484。
〔註34〕《中國·河陽寶卷集》（上），上海：上海文化出版社，2007年10月，頁150。
〔註35〕《中國·河陽寶卷集》（上），上海：上海文化出版社，2007年10月，頁324。
〔註36〕《中國·河陽寶卷集》（上），上海：上海文化出版社，2007年10月，頁992。

為語言上的通俗易懂，在百姓間的流通性自然也高，再加上寶卷宣演也等同於是村民聯繫感情的休閒活動，這些因素的加總與發揮造就了河陽寶卷在張家港地區的文化地位。

第三節　敘事藝術

河陽寶卷是民間的通俗說唱文學，隨著時代的變化不斷的演變，從形式到內容都與人民的審美標準息息相關，進而影響寶卷存在的形式。現存的各地寶卷，不僅只是河陽寶卷，都是適應了社會的變化而得以保存下來。在敘事藝術上不再固守舊思想的主題，而採取現實題材的吸收，用新穎的語言與素材延續寶卷的生命力，不再只是傳統宗教宣揚的產品，而是與人民生活緊密結合的產物。利用個性化的人物、鮮明的語言與幻想，勾勒出完整的故事情節，傳達思想的詮釋，吸引無數的聽眾，這是現代寶卷生命力的展現。

念卷者對寶卷的改造，也決定了寶卷的命運，活潑化的演出方式為寶卷的敘事藝術再添新頁。傳承了韻散結合的說唱形式，是平民百姓最容易接受的形式，帶有表演性質而不只是唸頌經文的宣教。

現存的河陽寶卷不論是已出版的或是仍存於民間的，在敘事藝術以及表現手法上都可以分為兩大類，一是保留歷史悠久的寶卷底本類，另一類是新型態寶卷。

一、保留舊寶卷底本類

據鄭振鐸考察，《目蓮寶卷》是早期寶卷之一。這種類型的寶卷多半講的是神仙修道的故事，情節曲折而與傳說故事內容相仿，脫胎自歷代傳說者眾。內容精彩豐富，天堂與地獄、仙與魔的交戰都緊緊扣住聽眾的心，潤澤了辛勤工作的農家生活，使得平日生活辛苦的人民有了精神的寄託。此類寶卷如《目蓮卷》、《香山寶卷》以及民間傳說故事寶卷等，他們原本存有的藝術魅力與故事創作手法帶來的效應，都透過寶卷的吸收而成為寶卷獨有的藝術特徵，這也是寶卷創作的特色之一。又如《二郎寶卷》抄本結束時只寫明「據港口雙塘村夏根元成寅年複抄本」，寶卷的寫成年代無法斷定，但此卷明顯可見轉化改寫自《西遊記》第六回的痕跡。就藝術特徵而言，寶卷的寫作手法以孫悟空遭降伏並被焚為灰塵一事，突顯了二郎神降伏的功力與天庭權力制裁的力量，這除了是二郎神信仰的體現之外，也可見受到歷代傳說影響

之後，二郎神在平民百姓的心中已經成為「保佑凡民身安康，一年四季病根除」的守護神。

　　楊戩得師父送予哮天犬、三尖槍後身登百花宮，母子相會。恰逢玉帝封官職，調往灌江受香煙。此處又開講石猴鬧天宮，講孫行者由石猴到齊天大聖的修練過程，後因大鬧天宮而遭二郎神追殺，與二郎神鬥法之處寶卷寫得甚為精彩，引人入勝。最終以二郎神降伏孫悟空，悟空遭太上老君以三昧真火燒為灰塵，而二郎神敕封惠明王做結。寶卷中二郎神身份的混用也體現了，民間傳說流傳在百姓間的意義，對於神明的信仰與崇多重接受的圓融性，而寶卷創作者因應百姓信仰而創作的寶卷，則是民間說唱藝術生命力的展現。

二、新型態寶卷類

　　早期的寶卷最初為宗教所用，研究所見的文本多半是早期宗教寶卷的材料，現在多數的相關研究也仍著重在宗教探討的部分。不過，宗教寶卷在內容形式上與民間信仰、節日儀式有密切相關。但在清代文學故事寶卷成為主流，受到民間百姓的喜愛，由顧頡剛提出《孟姜仙女寶卷》影響學界視角，故事型寶卷遂受重視。但隨著時代推移，寶卷除了仍帶有宗教色彩之外，娛樂功能越發明顯，也結合了時事反感與民眾需求，故有現代近期《路神寶卷》《和合寶卷》、《門神寶卷》的出現。寶卷文本絕大多數是集體創作，在流傳過程中，不斷加工、修改增刪其原來內容。故多數的寶卷是不著作者只錄抄者姓名的，如《張義寶卷》、《雷神寶卷》、《白蛇寶卷》等即是。寶卷的內容，勇於創新。從變文故事脫雕佛經講唱的故事之後，出現了早期的《目連救母變文》、《伍子胥變文》，隨後至二十世紀則出現了《孟姜女寶卷》、《牛郎織女寶卷》乃至《螳螂做親》等，皆屬新寶卷。但河陽寶卷中所出現的新編題材寶卷則又更為創新，因為時代與娛樂的需要，寶卷藝人為了能有更多的演出機會以賺錢營生，需要更多的創新寶卷。宋代以前的變文、寶卷等多是寫本，日後漸漸有了刻本，影印本和鉛印本。除了民國南京政府時期的寶卷明確標示出版時間外，多數寶卷沒有出版項目內容記載，於是寶卷的寫成時間與版本的判斷造成了研究工作上的困難。但新編題材無論是文字或是素材上都較容易判斷，研究上的困難也較小，在《河陽寶卷》中有些新編題材寶卷是由當地寶卷藝人自己編寫而成的，如《龍王卷》、《河神卷》與《鬼谷仙師卷》，

以下就《鬼谷仙師卷》、《龍王卷》、《螳螂卷》、《螳螂做親》做討論。

　　新的寶卷是相較於傳統寶卷而言，出現的時代較晚，開始出現當地人以地方傳說或時事、通俗小說等為依據再加以改編的寶卷。這種寶卷通常更世俗化，注重現實生活、重視寶卷的實用性，依然蘊含教育性但更貼近人民的生活，因為主角可能是熟悉的人物，不管是主角的際遇或理想都不再只能靠想像，而是能觸及的對象。這類寶卷再加上寶卷藝人以蘇州方言口語化的表演，寶卷語言變得更通俗易懂，自然更吸引聽眾也維繫了寶卷宣演的市場需求。張家港有七種方言：江南話、崇明話、老沙話、錫北話、澄東話、虞西話、江北話等。河陽寶卷是用吳語中的虞西方言來講唱的。《河陽寶卷》收錄的一百六十餘卷，部分寶卷是由外地傳入，但到了講經先生的手上便用虞西方言改寫後才能講唱，因此藝人的說唱底本多數是以方言來書寫。這種敘事語言的轉換就是寶卷說唱藝術之所以至今仍能生存的主要原因之一。如《鬼谷仙師卷》即是新型態寶卷的典型，寶卷內容末段出現了「現代陳英略先生自稱是八十二代弟子。」〔註37〕這樣的句子，陳英略雖生卒年不詳，但從其曾任政治作戰學校政治研究所指導教授兼碩士學位考試委員的經歷看來，《鬼谷仙師卷》的創作時間可能在1958～1997年間之事。因為陳英略在1958年間會有多本與鬼谷子相關的書籍在台出版，《河陽寶卷》中所收錄的《鬼谷仙師卷》為狄建新1997年抄本，故可知《鬼谷仙師卷》的創作時間在此年代範圍中。又如《受生寶卷》吸收蔡襄建洛陽橋的故事，改頭換面將主人翁塑造成蔡旭，而建洛楊橋是為了幫父親蔡昶還陰債。另外還有當地寶卷藝人自行創作的新寶卷《龍王卷》，這是根據河陽地區的傳說故事而創作的寶卷，故事中出現「西暘塘」等當地實景，因地形的關係，有七十二個瞟娘灣，是故事中小白龍出海之處。這些對民間傳說的再利用而形成的新型態寶卷，也是河陽寶卷的特殊之處，顯示時代進步社會發展後寶卷面對生存環境考驗下的變通方法，這些因應時代變化而來的轉變也影響了學者對寶卷的評價：

> 　　總的說來，寶卷的藝術成就是不高的。這是因為它始終未能擺脫宗
> 教藝術的束縛，將惡有惡報、善有善報作為創作的宗旨，就免不了
> 修福說教、公式概念的致命弱點。因而形成藝術上的平庸，引不起
> 學術界的重視。〔註38〕

〔註37〕《中國‧河陽寶卷集》（上），上海：上海文化出版社，2007年10月，頁323。
〔註38〕段平：《河西寶卷的調查研究》，甘肅：蘭州大學出版社，1992年，頁19。

這樣的概念大抵是以往學術界對寶卷評價的總覽，但放在現今的環境應能有新的思維，在跨領域學術研究結合的追求上，研究寶卷的研究者比以往多，也來自不同的學科領域，或許能用不同的角度來審度寶卷的藝術價值。

（一）《螳螂卷》、《螳螂做親》的內容與形式

《螳螂做親》類寶卷是根據傳統的民間故事改編的，河陽寶卷中的《螳螂卷》、《螳螂做親》也與山歌互相影響，民間藝人創作寶卷或山歌都融入了類似的題材，《螳螂做親》這類故事不僅以寶卷的形態出現，河陽山歌中也有一首《螳螂娶親》。《螳螂卷》內容講述孔子門生公冶長先生走到虎阜山東的槐陰樹下歇息時，聽聞樹上蟲熱鬧爭執之聲。原來是槐陰樹上的螳螂思與娑婆樹上的繢娘匹配成親，寶卷故事全文以擬人法的方式寫成。螳螂見繢娘生得標緻，上前探問芳名，亦自報家門。繢娘姓絲名繢，家住揚州瓊花觀，螳螂則自姑蘇玄妙觀出身。二蟲豸在樹上爭執，便是螳螂唐突地要向繢娘求親。公冶長在樹下聽見，認為相逢乃前世有緣，便對螳螂與繢娘好言相勸，當下公冶長便作了媒人。螳螂心中歡欣，一回家便稟報父母，螳螂的父母對螳螂自尋親事亦甚為歡喜，即刻開始準備並選擇迎娶的吉日。繢娘亦回家告稟雙親，雖然女子自許婚配並不妥當，然而繢娘的母親仍是為繢娘備安了豐厚的嫁妝，傳令張燈結綵等待迎娶的吉時。待到良辰，男方鋪排了紅燈花轎，陳列了樂人鼓手的迎親隊伍，浩浩蕩蕩地登程迎親。這個隊伍有諸多蟲豸，來送禮、吃酒者在所多有，亦不乏以各種姿態來加入迎親隊伍者，抬轎、開道的各類蟲，無不歡欣鼓舞共襄盛舉，使得迎親之事能順利完成。故事最後點出生命都是一樣的地位，若在種田耕耘之時誤傷了蟲豸，在佛前為之祝禱，助牠們早日飛昇天界；而拯救蟲的性命，也能消除災禍，增添吉慶而天下太平。

《螳螂做親》則是卷頭以評議起首，指出世間萬物包括為數眾多的蟲蟻無不有情。就從一螳螂攀親的說起，將這樣的故事視為在休息時間說的笑話用以調劑身心，而非佛門的故事。蟲豸一類也是需要傳宗接代的小生命，因此不容忽視，只是蟲豸當中有善有惡，對農作物有好處的蟲豸應當仔細分辨，勿一概而論、斬盡殺絕。唐員外請了洛家庄上絡沙婆為其子唐郎說媒，絡沙婆到竹家庄上為唐竹二家牽線，竹員外夫妻對格沙婆口中的唐郎都非常滿意，加上唐郎的長輩豺狼與黃狼還有劫掠的本事，不怕沒小茶酒水可吃，竹員外便應承了此婚事，要將女兒姊姊娘婚配給唐郎。姊姊娘為了籌辦嫁

妝，夜以繼日不斷地織布，購置各種生活器具。到過門日，豺狼、黃狼與唐郎安排了各種蟲豸來迎接新娘，還發生了藥時朵想搶親的插曲。新娘來到唐府高處，拜見長輩，盡了禮節。廚房也沒閒著，婚宴場上氣氛歡騰。散席後，不免上演了一段鬧洞房，蚊子與跳蚤都來湊熱鬧，還惹得唐郎、姊姊娘夫婦因而生隙，點出了夫妻難免各奔東西的無常，而蟲類受季節所限，天冷便無處尋卻更是定理。螳螂攀親之事只是作戲，反倒不如要好好對待田雞，畢竟田雞還會選擇殲滅田中的害蟲，卷末強調了害蟲的影響，應該消滅害蟲才能驅除災病。

《螳螂卷》與《螳螂做親》雖都敘述了螳螂娶親的故事，然而二者略有同異，這兩卷與靖江寶卷中的《梓潼寶卷》有所類似，皆以昆蟲的婚禮場景為主。《梓潼寶卷》是論及二十多種昆蟲，一一寫明其特徵並擬人化，讓他們在婚禮都有對應的角色，塑造一個喜洋洋的熱鬧婚慶畫面。而《螳螂做親》直接言明世界萬物皆為生命，必須將心比心，職是之故，以螳螂攀親為例說明動物有情；《螳螂卷》則是先假託孔子門生公冶長的見聞，以樹上吵鬧不休的蟲豸引起好奇心，才說螳螂見績娘生得美，主動向績娘求親之事，而故事最後才點出諸般蟲豸莫不為珍貴的生命，在耕作之時切勿傷害之外，倘若有傷，也要在佛前為之祝壽使之早日飛升。值得注意的是，《螳螂卷》與《螳螂做親》均指出蟲豸皆有生命，然而《螳螂卷》將生命一視同仁，但《螳螂做親》已有益蟲、害蟲之分。

兩個故事都有作親的媒人，也對提親、迎親、拜堂、鬧洞房等細節多有描述，但《螳螂卷》的媒人公冶長為男性，且是在聽到螳螂與績娘的爭執時，主動出面調解並擔任二人之媒；《螳螂做親》的媒婆絡沙婆則是受唐員外之託，為唐郎尋覓親事。描述迎親隊伍及迎親始末亦有詳略之異。兩個故事雖皆採用擬人化的手法描述，然而《螳螂做親》較為詳盡，故事細節更見人情世故，迎親時便發生了藥時朵欲搶親的插曲，而鬧洞房的蚊蟲跳蚤引發唐郎與姊姊娘的拌嘴更是親切若生。故事最後，《螳螂卷》指出此一親事乃是因為男女主角三世皆未婚配而於今生配對成雙，而蟲豸性命皆須重視，若傷害蟲豸則必須在佛前超渡它們，拯救蟲豸的生命則更是增添吉慶、福報的舉動；《螳螂做親》雖在開卷就強調了萬物有情，然而雖秉持著佛門慈悲之心，不肯濫殺，但已對蟲豸有善惡之分，像是蒼蠅蚊子等惡蟲必須剷除，是因為消滅了害蟲才得以保居家平安。《螳螂卷》、《螳螂做親》兩者所講唱的主要內容都是自然

界中昆蟲們為螳螂與紡織娘成婚相聚慶賀的童話故事。寶卷表達讚美婚姻自由，對人間美滿婚姻的追求，也是與當地百姓生活息息相關的故事。這種類型的寶卷故事多用於增添趣味，引發現場觀眾對於聽卷的興趣。

（二）《路神寶卷》的內容與形式

《路神寶卷》所用的焚香讚為五字句，卷中所用的韻文則多為七字句與十字句，故事主軸演化方弼、方向兩兄弟之事，編寫取材明顯來自《封神演義》第八回〈方弼方向反朝歌〉。寶卷採用之處見下表：

《封神演義》第八回	《路神寶卷》
言罷，二位殿下放聲痛哭。兩班文武齊含淚上前言：「國母受誣，我等如何坐視？可鳴鐘擊鼓，即請天子上殿，聲明其事；庶幾罪人可得，洗雪皇后冤枉。」言尚未了，只聽得殿西首一聲喊叫，似空中霹靂，大呼曰：「天子失政，殺子誅妻，建造炮烙，阻塞忠良，恣行無道。大丈夫既不能為皇后雪冤，太子復仇，含淚悲啼，效兒女之態。古云：『良禽擇木而棲，賢臣擇主而事。』今天子不道，三綱已絕，大義有乖，恐不能為天下之主，我等亦恥為之臣。我等若不反出朝歌，另擇新君，去此無道之主，保全社稷。」眾人看時，卻是鎮殿大將軍方弼、方相兄弟二人。黃飛虎聽說，大喝一聲：「你多大官，敢如此亂言。滿朝中多少大臣，豈臨到你講？本當拿下你這亂臣賊子，還不退去！」方弼、方相二人低頭，不敢回言。〔註39〕	再說兩個王兒跪在九間殿上痛哭，眾朝臣不敢去救。只聽西首一聲大叫，猶如空中霹靂：當今天子失政殺妻滅子，製造炮烙，屈害忠良，大丈夫既不能為皇后伸冤，替太子復仇，你們這班文武大臣聽了只是含淚悲泣，學女子態哭哭啼啼。古人說得好：「良禽擇木而棲，賢臣擇主而仕。」今紂王無道，三綱已絕，不能為天下主。我等不如反出朝歌，另擇新主去！」眾大臣一看，原來是方氏昆仲也。值殿將軍正義臣，方弼方相兩個人。為你太子命安穩，封神台上有名人。這時黃飛虎見值殿將軍方弼方相，暗暗高興，便有意大喝道：「你多大官兒竟敢如此無禮，還不給我快快滾出去門！」說罷，向兩人使一個眼色。
黃飛虎長歎數聲：「大夫之言是也！」百官默默，二位殿下悲哭不止。只見方弼、方相分開眾人，方弼挾住殷郊，方相挾住殷洪，厲聲高叫曰：「紂王無道，殺子而絕宗廟，誅妻有壞綱常。今日保二位殿下往東魯借兵，除了昏君，再立成湯之嗣。我等反了！」〔註40〕	弟兄兩人立即分開眾人，上前將太子背上就走，厲聲高叫：「王無道，殺親子，滅宗廟，誅髮妻，有壞綱紀。今日我兄弟保佑兩位殿下，往東魯借兵，除掉昏君，再立成湯之嗣，我等反了！」兩人背了殿下徑出朝歌南門。
話說眾多文武見反了方弼、方相，大驚失色；獨黃飛虎若為不知。亞相比干近前曰：「黃大人！方弼反了，大人為何獨無一言？」黃飛虎答曰：「可惜文武之中，並無近一位似方	卻說眾文武見方弼方相反了，個個大驚失色，惟有黃飛虎視若不見。文武上前問黃元帥，方弼方相反了，元帥為何一言不發？黃飛虎曰：「可憐文武

〔註39〕（明）許仲琳：《封神演義》，臺北：臺灣古籍出版社，2005年，頁57。
〔註40〕（明）許仲琳：《封神演義》，臺北：臺灣古籍出版社，2005年，頁58。

弼二人的。方弼乃一莽漢，尚知不忍國母負屈，太子枉死，自知卑小，不敢諫言，故此背負二位殿下去了。若聖旨追趕回來，殿下必死無疑，忠良盡遭殺戮。此事明知有死無生，只是迫於一腔忠義，故造此罪孽，然情甚可矜。」〔註41〕	之中，無一人像方家兄弟二人，上知國母受屈，下知太子冤枉。他二人知道官職小，故此肩背殿下逃生。他也知道有死無生，只懷著一腔忠義，故冒此危險，甚是可敬！」百官無言。

　　此為《路神卷》脫胎自《封神演義》之處，但《路神卷》重點終在演繹路神的由來，因此將方弼、方相兩兄弟的結果改寫，略去戰事不談，只言「卻說方家兄弟在姜子牙帳下效力。後在萬仙陣中被烏雲妖人所傷，兩道忠魂在封神壇聽封。」〔註42〕《封神演義》第九十九回〈姜子牙歸國封神〉中將方弼封為「顯道神」、方相封為「開路神」，這樣的神譜系統被寶卷宣講者所利用，創造《路神卷》將兩人分別封為「大路神」、「開路真神」。

　　《路神寶卷》雖取材自《封神演義》，但就其屬性來說仍屬現代新編的新型態寶卷。從其內容判斷可能是講經先生因應時代變化或民眾需求下而創作的作品，現今運用於宣講的場合之中。在筆者的田野調查過程中發現，張家港地區的人民將《路神寶卷》運用於購買新車之時，若有人購入新車，不論是汽車或機動車都能請寶卷藝人到家中宣唱《路神寶卷》，以求行車平安。張家港地區的人民對於購置新車的習俗明顯與台灣不同，在當地不見車上掛有廟宇中求來的平安符或是將新車開往廟中舉行求平安的儀式，而是請寶卷藝人講唱《路神寶卷》。雖然兩地做法不一，但同樣都是以信仰儀式為即將使用的車輛做祈求平安的動作，這也是因應中國大陸近年來經濟形態的轉變而產生的新寶卷，雖然在鄉下地區有能力購買汽車的民眾仍未普遍，但電動車或機車就較為常見，故《路神寶卷》仍有一定的市場。

三、演出模式

　　無論是舊寶卷底本或新型態寶卷，兩者都有一個共同的特徵，即是制式化的宣演模式。演出的形式由舉香贊開始，依序是贊經、說明宣演之緣由、講經先生引導唱佛祈福、開卷偈和佛、講唱寶卷故事內容、送佛。寶卷的開篇帶有強烈的宗教色彩與儀式化，也為接下來的宣演營造出慎重的氣氛，同時方便講經先生掌握現場狀況。寶卷因演出模式與宗教性質的關係，使得寫

〔註41〕（明）許仲琳：《封神演義》，臺北：臺灣古籍出版社，2005年，頁58。
〔註42〕《中國·河陽寶卷集》（上），上海：上海文化出版社，2007年10月，頁180。

作格式與架構模式化，但又因為宗教思想的關連，連情節模式也出現套化的現象。

制式化的情節套化演出模式又可分以下幾類來探討：

（一）善行求子

在行善求子的夫妻中多數有一個共同特點顯示寶卷的套化模式，即寶卷中的夫妻皆為同年紀歲數四十的兩人。如《甘露寶卷》「村上有家官家名陳球，在朝官居吏部尚書之職，年近四十。夫人吳氏，夫妻同庚，只因無子，辭職回家。」〔註43〕又如《金神卷》中忠臣金定邦「在朝為官，做到兵部尚書之職。夫人趙氏同庚，並無子息。」〔註44〕雖然妻子賢慧，但金定邦認為「四十無子難為情，五十無子無人敬，六十無子斷六親」〔註45〕，於是趙氏說：「看來前世作孽深，同你修行來念佛，求求靈山觀世音。助吾一子傳後代，好做披麻戴孝人。」〔註46〕《太姥寶卷》中的蕭員外「因范氏院君不生男女，員外發愿齋僧布施，拜佛修行，恭行三寶。」〔註47〕因此得聖母為妻生下五顯聖王。《三官寶卷》「且說玉帝觀見元王夫妻二人虔誠拜佛求子，每日兩次，世間少有。因上代帝君作孽，無端殺害忠臣，欺壓百姓，故罰他無子。玉帝曰：『奉佛虔誠，賜他一子便了。』」〔註48〕《高神卷》中高員外娶妻多年生活安樂卻膝下無子，兩人遂前往泰山東嶽廟燒香求子。「以此夫妻兩人準備了香燭，前去禮拜，虔誠請告，祈求佛天神明，賜得一子。」〔註49〕當晚夫人夢一公公給予仙桃，吃下後遂有孕。

《地藏寶卷》中也有類似的情節，「羅妻單氏，只因無子哀告佛天，若有一子，我夫妻二人受戒修行為道。」〔註50〕《雷神卷》講述雷棟林「膝下無子，雷員外每天悶悶不樂。」〔註51〕夫人知道原委後兩人至「東岳廟中來跪下，叫聲聖帝聽分明。只因我家無後代，賜個傳宗接代人。倘然賜我一兒子，

〔註43〕《中國‧河陽寶卷集》（上），上海：上海文化出版社，2007年10月，頁762。
〔註44〕《中國‧河陽寶卷集》（上），上海：上海文化出版社，2007年10月，頁131。
〔註45〕《中國‧河陽寶卷集》（上），上海：上海文化出版社，2007年10月，頁131。
〔註46〕《中國‧河陽寶卷集》（上），上海：上海文化出版社，2007年10月，頁131。
〔註47〕《中國‧河陽寶卷集》（上），上海：上海文化出版社，2007年10月，頁68。
〔註48〕《中國‧河陽寶卷集》（上），上海：上海文化出版社，2007年10月，頁116。
〔註49〕《中國‧河陽寶卷集》（上），上海：上海文化出版社，2007年10月，頁119。
〔註50〕《中國‧河陽寶卷集》（上），上海：上海文化出版社，2007年10月，頁141。
〔註51〕《中國‧河陽寶卷集》（上），上海：上海文化出版社，2007年10月，頁191。

廟宇建新佛裝金。」〔註52〕《龍王卷》中的穆員外娶妻白氏，單生一女。「但老員外膝下無兒，老來無靠，所以發愿修行，齋僧布施，廣濟貧民，求子接續香烟。」〔註53〕富貴人家的生活無憂，但通常都無子息傳承香火。在寶卷故事情節中連國王也不例外，《玄天上帝寶卷》中天竺國國王是「做了不少好事，但缺一子，繼承皇位，差一星君下凡，以報好善之德。」〔註54〕這些套化故事的寶卷中較為特別的是《甘露寶卷》，陳球求子的結果是得女。原因是「玉帝因無星宿下凡，只得將自己玉女叫她下凡。計算有三十二年紅塵之苦，況且凡間陳球注定無子，故而把玉女賜給陳球為女半子便了。」〔註55〕

（二）聖賢故事

寶卷中的主角多為天上的某星宿或神祇降生，原因前一項的夫妻兩人奉行善事，積功德感動了玉帝，於是玉帝派某星君下凡投胎，托生其家。而故事中的夫人受孕多有吃了仙桃的夢境。《黃糠卷》中張金興所得其子「乃是文曲星下凡」。《狀元寶卷》中的張文忠為「金星送下文曲星，來到張家傳後根。」〔註56〕《雞鴨寶卷》將玄郎出生時「房中一道紅光現，文曲星君下凡臨。」〔註57〕以文曲星下凡的經典作品當屬《龍圖寶卷》，所講述的是包拯的故事，「竟命三十三天敕旨，降下文曲星下凡，日斷陽間冤枉不平，夜斷冥府鬼魂。」〔註58〕寶卷內容明顯受包青天「日審陽，夜審陰」的傳說故事而來。

《沉香寶卷》的劉向是「玉皇速差太白金星，將插香童子變倫台上變化仙桃一只，送到下方劉家」〔註59〕所投胎而來。至於《賢良卷》中的劉大根則為「上界玉皇殿前金童星君，一時失慎冒犯天條，罰他凡紅塵受苦四十餘年。」〔註60〕此為犯錯下凡的案例，同時亦有為救世而自願下凡者。《四新卷》中九天仙女與衛房聖母思及「塵世婦女難產的悲慘一幕，十分嘆息。」於是，

〔註52〕《中國‧河陽寶卷集》（上），上海：上海文化出版社，2007年10月，頁191。
〔註53〕《中國‧河陽寶卷集》（上），上海：上海文化出版社，2007年10月，頁158。
〔註54〕《中國‧河陽寶卷集》（上），上海：上海文化出版社，2007年10月，頁183。
〔註55〕《中國‧河陽寶卷集》（上），上海：上海文化出版社，2007年10月，頁762。
〔註56〕《中國‧河陽寶卷集》（上），上海：上海文化出版社，2007年10月，頁845。
〔註57〕《中國‧河陽寶卷集》（上），上海：上海文化出版社，2007年10月，頁864。
〔註58〕《中國‧河陽寶卷集》（上），上海：上海文化出版社，2007年10月，頁920。
〔註59〕《中國‧河陽寶卷集》（上），上海：上海文化出版社，2007年10月，頁937。
〔註60〕《中國‧河陽寶卷集》（上），上海：上海文化出版社，2007年10月，頁992。

為了救世「玉帝准奏，即敕九天仙女衛房聖母下界投胎。」《紅杏寶卷》中的周姬娘為紅杏仙子下凡投胎。

（三）因果報應

因果報應是寶卷思想的重點之一，宣講的功能在《悉達卷》中說得分明，是「大家聽宣因果事，能消八難免三災」〔註61〕眾多寶卷開頭都有類似的話語。寶卷中有相當濃厚的因果報應思想，因此聽眾也習慣或期待於聽見惡人終遭報應以撫慰心靈。《翠蓮卷》中翠蓮遭王婆陷害上吊自殺後，一狀告到地府，閻王查明原因後發現翠蓮尚有五十年壽命可活，「可放她還陽，撫養一雙男女長大成人。判官又奏道：『這個陽壽要用王婆的壽來補還』。〔註62〕故事至此出現報應，彌補翠蓮所受之苦。而同卷中聽信王婆謠言的劉全也遭到報應：

> 劉全將妻子的棺木安葬完畢，哪知天降災殃，前次在兒子面前罰過的咒，如今果然應其咒言。玉皇差火德星君到凡間揚州府江都縣盧連村，速將劉全的全部房屋家私雜物等統統焚燒。總之，前廳燒到後堂，燒得片瓦不存。〔註63〕

這因果報應來得又急又快，且還是玉帝之意，顯見報應的真實存在，也為寶卷的劇情增添戲劇性。

（四）遊冥還魂

《十王卷》中的妙善公主游地府是遊冥的經典作品，同時也具體展現了遊冥的過程。遊冥的文學作品情節多半都是這種套化的格式。但不同的是，妙善公主遊冥後是為了「救度眾罪魂」〔註64〕，而非還魂後改過向善潛心修行。講述遊冥的還有《翠蓮卷》中劉全進瓜的情節，《翠蓮卷》雜合唐太宗入冥的故事有劉全進瓜的遊冥過程，這是唐太宗入冥故事系列發展中的一環，寶卷將其發展成篇。劉全遊完十殿覺得恐怖萬分，卻更想知道翠蓮的下落，其誠意引來閻王判官的同情，夫妻相見後抱頭痛苦，還陽後的劉全痛改前非，榮歸故里。

〔註61〕《中國‧河陽寶卷集》（上），上海：上海文化出版社，2007年10月，頁3。
〔註62〕《中國‧河陽寶卷集》（上），上海：上海文化出版社，2007年10月，頁543。
〔註63〕《中國‧河陽寶卷集》（上），上海：上海文化出版社，2007年10月，頁545。
〔註64〕《中國‧河陽寶卷集》（上），上海：上海文化出版社，2007年10月，頁140。

（五）學佛修道

《金神卷》中論及金定邦求子的過程如下：

> 且說玉皇大帝差太白金星下凡，查明金定邦果然無子，故此誦經念
> 佛。值日功曹與城隍土地寫好表章，上奏天庭說：「金定邦只為無
> 子，故此大發善心，修橋鋪路，建造涼亭，廣開義井，佛像裝金，所
> 有債票全部燒毀。叩求玉帝賜他一子，承接後代香烟是也」〔註65〕

寶卷中多有為了求子而學佛修道者，因其發願而潛心修行，終得善果。見《祖師卷》「卻說這部祖師寶卷，三皇治世，五帝定倫，歷代帝皇傳下。」〔註66〕先講《祖師卷》由聖賢傳下由來既久，再講皇后娘娘因「我今為何無后根？」〔註67〕而「只有誠心求佛，如若萬歲同心念，持齋吃素與齋僧。」《欺貧愛富卷》吉有才年輕時十分窮苦，經商致富後「夫妻兩人同心轉，看破紅塵去修行。兩人修到功完滿，白日升天見帝君。」〔註68〕學佛修道者為女性居多，或夫妻同修者，對於聽眾也有鼓舞的作用。幾乎所有的寶卷作品，人物的命運和情節的發展都與為善或做惡有絕對性的關連，河陽寶卷也不例外。這些作品都深受因果論的影響，「善有善報，惡有惡報」是主旨，即便為善者在寶卷故事中總是受盡磨難與考驗，總會受上天垂憐神仙眷顧而反轉逆境，而為惡者也終遭報應。若凡間修行有成即可上達天庭接受封神，受封並流芳萬世。在情節發展的過程中，經常可見神仙的存在，依其作用可分為：主宰者、護送者、解決者等類。主宰者為玉皇大帝或王母娘娘，是神明托生下凡的決策者，但並非專一統治，也有詢問眾星宿意願的過程，若無人自願則由有過者或玉帝自行指派。護送者多為太白金星，送各界星宿下凡托生，並回報進度給玉帝。解決者則呈現多樣化的角色，是寶卷故事中解決主角困境或收拾妖孽的要角，有觀世音菩薩、二郎神、西天龍樹法王、灶君等。可見神仙是河陽寶卷故事情節中的重要元素，他們的存在一方面使寶卷故事更為精彩曲折，使寶卷更具有吸引力，另一方面也就其神祇的功能特性加以發揮，固定的角色功能不只穩合神譜也造就寶卷故事的穩定性，在情節套化同時對故事情節的發展有規則性的推動與影響。所以，神仙角色也是河陽寶卷情節套化的格式之一。

〔註65〕《中國·河陽寶卷集》（上），上海：上海文化出版社，2007年10月，頁131。
〔註66〕《中國·河陽寶卷集》（上），上海：上海文化出版社，2007年10月，頁95。
〔註67〕《中國·河陽寶卷集》（上），上海：上海文化出版社，2007年10月，頁95。
〔註68〕《中國·河陽寶卷集》（上），上海：上海文化出版社，2007年10月，頁1123。

第四節　人物個性化

　　由上節對神仙角色在寶卷中的功能論述，不難發現人物的個性化也深深影響著寶卷的藝術內涵。寶卷故事中的主人翁因某種原因，都要經歷許多的磨難。在最危險的困境中，自有神佛來指點、幫助，擔任這個角色的一般是玉皇大帝派遣的太白金星或觀音菩薩，轉危為安。最後，苦盡甘來，家人團圓、子孫滿堂；或成仙作佛，或得到皇帝的封賞，享受榮華富貴，且蔭及子孫。作惡的人，如能悔悟，也可善終；一般是要受到嚴厲的懲罰，甚至來世也不得為人。寶卷對人情風物的描繪顯示出獨到的語言功力，往往三言兩語就能把某一形象刻畫得無比生動。不論是神仙或凡人皆有獨到之處。例如，《碧玉簪卷》中的孫婆。孫婆與殿臣的小人行逕更為秀英的忍辱負重加分，孫婆是貪財愛富的小人，鬼計橫生，因此寶卷中形容她伴嫁是「小姐上轎，孫婆伴親，隨轎而去，賊忒嘻嘻。」〔註69〕帶著滿肚子壞水前往李府。嫁禍秀英時也不改本色，「嘴裡七搭八扯，一陣鬼話連篇，就將衣袖中格情書碧玉簪，假做落在地下，做得來慌慌忙忙，三腳兩步走出大門。」〔註70〕一個小人形象透過動作與行走便成功勾勒出鮮明的印象。寶卷故事中人物設計更為通俗，情節背景也更加世俗化，表現寶卷故事取材生活化的轉變。《河陽寶卷》在寫作技巧上來說是成功的，在面對人物的刻劃多半是透過言語及動作來進行，許多寶卷既是以敘述長篇故事為主，甚至長篇宣卷的種類也為數可觀。特別是長篇宣卷寫作時的文字剪裁與詳略要運用得宜，如果一味敘事則內容乾扁，細節描寫太多則又太囉唆，必須兼顧形式與內容之美。以下舉例論述：

一、《目連寶卷》

　　河陽寶卷所含納的民間故事數量相當驚人，中國四大民間故事當然也含概其中〔註71〕。明清的民間文學有說新聞的傳統，將社會時事以很快的速度改編成文學作品演唱或出版，而這樣的特色不只表現在小說戲曲，也體現在寶卷之中。寶卷與戲劇如目連戲的關連，依靠民俗祭祀演出是地方目連戲的特點，還有已出版的《河陽寶卷》中有《目連救娘》與《目連卷》。

〔註69〕《中國‧河陽寶卷集》（上），上海：上海文化出版社，2007年10月，頁416。賊忒嘻嘻是吳方言，講賊頭賊腦的樣子，也有嬉皮笑臉之意。

〔註70〕《中國‧河陽寶卷集》（上），上海：上海文化出版社，2007年10月，頁417。

〔註71〕《白蛇寶卷》在南通市金沙鎮見流行有抄本，但未收錄進《河陽寶卷》一書，其餘三故事皆見於書中。因此本論文將其收入附錄之中。

從俗講的「變文」，到勸世的「寶卷」，目蓮救母在中國長期的傳統
社會裡，得到宮廷和民間的共同熱愛，這是個值得研究的文藝美學
現象。〔註72〕

從這段文字不難發現目蓮戲或目蓮救母相關故事所受到的關注與喜愛，不僅
民眾喜愛，因其藝術價值高，所以學界討論亦不斷。河陽寶卷中的《目蓮卷》
對青提夫人有生動的刻劃：

童子曰：此獄銅牆鐵壁，為了目蓮僧母親，姓劉，名叫青提夫人，
不信念佛。造起來的目蓮，要使娘親念佛，做了五百個泥佛，曬在
場上。對娘親說：「孩兒今天要出門，倘若天起陣頭落雨，場上曬五
百個佛，拿兩只籮要去收好，還要細細數清，一尊佛、二尊佛、三
四五六七尊佛。」〔註73〕目蓮吩咐好娘親，就出門。

但目蓮出門後，青提夫人又是怎樣的光景？

偶然起陣頭要落雨來哉，青提夫人，拿兩只籮一把翻扒，把泥佛交
在一堆，嘴裡數道：「一個喃泥團團、兩個喃泥團團、三四五六七個
喃泥團團」，未念一個佛事。〔註74〕

這段農家事對於廣大的寶卷聽眾而言，無疑是有趣的消遣，現今寶卷聽眾皆
為農民居多，這種切身相關的情節，最能引起共鳴，也讓嚴肅的《十王地獄
寶卷》有一點娛樂的趣味。形容青提夫人的懶散敷衍與不耐煩也透過喃喃自
語的數數兒變得栩栩如生。這樣的安排一方面使人物形象靈動突出人物個性，
一方面也使得相關情節、場面更曲折與充滿趣味，給予現場聽眾臨場感，保
持聽卷的樂趣。

二、《二郎卷》

《二郎卷》中的人物形象改頭換面，雖然《二郎卷》多有與《西遊記》第
六回相似之處，但《西遊記》中玉帝拆開表章，見有求助之言，笑道：「叵耐
這個猴精，能有多大手段，就敢敵過十萬天兵！李天王又來求助，卻將那路
神兵助之？」到寶卷中變成「玉皇聞奏，心中大驚，這猴精有多少本領？十
萬天兵神將，不能降服，如今調哪路神仙去？」〔註75〕玉皇大帝的反應從

〔註72〕段平：《河西寶卷選》，臺北：新文豐出版社，1992年3月，前言頁9。
〔註73〕《中國・河陽寶卷集》（上），上海：上海文化出版社，2007年10月，頁140。
〔註74〕《中國・河陽寶卷集》（上），上海：上海文化出版社，2007年10月，頁140。
〔註75〕《中國・河陽寶卷集》（上），上海：上海文化出版社，2007年10月，頁112。

《西遊記》的笑著應對到寶卷中的心中大驚，顯示出的是孫悟空在這流傳過程中形象的轉變與再度被神化的象徵，因為廣受老百姓喜愛的人物形象，影響寶卷創作者的觀感，神力消長之間的差異由玉帝的情緒反應可見一斑。在《二郎卷》中，人物的語言各自傳達其人物特性，玉帝的不可一世、二郎神的桀驁不馴與孫悟空的囂張叛逆盡顯其中。

三、《碧玉簪卷》

《碧玉簪卷》又名《秀英寶卷》，是清代新編的民間故事寶卷。講述宋朝年間吏部尚書李廷甫將女兒秀英許配翰林王裕之子玉林的一段故事。秀英的表兄顧文友因求婚不成，便買通孫媒婆向秀英借得玉簪一支，連同偽造的情書，在秀英成婚之日，暗置於新房之中，玉林果然中計，疑秀英不貞，備加冷落和凌辱。廷甫聞女被虐，趕往王府責問，玉林方出示情書、玉簪，遂使真相大白。然秀英已被折磨成疾。玉林悔恨不已，上京赴考中魁，請來鳳冠霞帔向秀英認錯賠禮。碧玉簪的故事不僅出現在寶卷中，還被改編成越劇、電影演出。

寶卷中的孫賣婆一肚子壞水，將其貪心的嘴臉寫得極為生動，她應了顧殿臣的要求：

> 孫婆聽說笑盈盈，叫聲相公且放心。
>
> 老身不是誇口話，秀英在我手中心。
>
> 相伴小姐王家去，弄得夫妻不同心。
>
> 我有惡計來制服，包你相公穩成親。〔註76〕

這段對話顯示孫婆是有心為惡者，且駕輕就熟說自己決非誇口。笑著自言是「惡計」來達成目的，可見其居心叵測。顧殿臣也是個登徒子，還讚「婆婆有才人」〔註77〕，面對這樣的勾結，秀英自然落難。落難後的秀英遭玉林百般刁難，日日垂淚，夫妻情份薄如蟬翼，連家裡的丫環們都看不過去：

> 春香道：小姐，為啥姑爺拿你如此輕賤？我倒有點不服氣哉。我要
>
> 去說點太太聽聽拉。〔註78〕

寶卷中多是為小姐打抱不平的安童與丫環，雖是下人看在眼裡也有股不平之

〔註76〕《中國・河陽寶卷集》（上），上海：上海文化出版社，2007 年 10 月，頁 416。

〔註77〕《中國・河陽寶卷集》（上），上海：上海文化出版社，2007 年 10 月，頁 416。

〔註78〕《中國・河陽寶卷集》（上），上海：上海文化出版社，2007 年 10 月，頁 421。

氣。但能為之事有限：

> 春香丫環登在房中，腳也不歪，恐防小姐尋了短見。〔註79〕

寶卷一個動作的描寫就將春香的忠心與擔心描繪得透徹，站在房中的丫環是
連坐下也不敢，更不敢離去。關心之情、護主之心溢於言表，同時也展現機
智的一面，當碧玉簪引起老爺發怒，要小姐自刎時：

> 那春香丫環道：老爺你且慢，你要叫小姐死，我做丫環想想不願，
> 總要有個明白。你家小姐五歲我進來的，我曉得小姐的性靜格。老
> 爺，你將情書上的筆跡細細里看，到底是不是小姐寫的？〔註80〕

不平則鳴，也據理力爭的護主心切充份展現，更記得「玉簪舊年三月十二好
日前頭，孫婆來借去的，到如今未曾來還，想來此事一定孫婆弄出來了。」
〔註81〕一個細心機靈的丫環形象栩栩如生，秀英之冤也就此真相大白。在策
畫這個配角的同時也賦予她重責大任，春香是沉默的，在寶卷故事進行中一度
成為小姐的出氣筒，時常挨罵。但這時的丫環仍是丫環，直到故事的末段，終
於站出來為貼心伺候多年的小姐翻案。這樣的鋪陳使得丫環的小角色佔有一席
之地，人物的鮮明程度並不輸給主人翁，亦收故事翻案畫龍點睛之效。

四、《翠蓮卷》

《翠蓮卷》的故事情節較為複雜，人物設計相對有層次。其中不乏顛覆
傳統印象者，展現的是寶卷創作者的思想與時代演化下的改變。故事中的決
策神祇為觀世音菩薩，菩薩發現翠蓮投錯胎，本該入宮當公主。於是觀音菩
薩一想：

> 哇！苦哉！苦哉！待我去叫唐僧，向那李翠蓮化一只金釵，然後弄
> 出一場大禍，丈夫逼死李翠蓮。然後閻王查明翠蓮陽壽未滿，到皇
> 宮借公主屍還魂。〔註82〕

這樣的決策角度在歷來的觀音故事中可謂前所未見，與一般救苦救難的觀音
形象大有不同。因為李翠蓮在此之前並未遭逢苦難，寶卷說她與劉全是「夫
妻兩人你我敬，相親相愛，和睦家庭，世上少有。」〔註83〕且翠蓮是個心胸

〔註79〕《中國‧河陽寶卷集》（上），上海：上海文化出版社，2007年10月，頁421。
〔註80〕《中國‧河陽寶卷集》（上），上海：上海文化出版社，2007年10月，頁422。
〔註81〕《中國‧河陽寶卷集》（上），上海：上海文化出版社，2007年10月，頁422。
〔註82〕《中國‧河陽寶卷集》（上），上海：上海文化出版社，2007年10月，頁534。
〔註83〕《中國‧河陽寶卷集》（上），上海：上海文化出版社，2007年10月，頁534。

寬大、日夜念佛修行之人。這樣的人格與生活似乎沒有破壞的必要，因此寶卷解釋翠蓮三世修行卻投錯胎，本該入宮享榮華富貴。果真劉全聽信王婆的挑撥對翠蓮痛加毒打，逼死翠蓮。在鋪陳翠蓮一路受冤枉的過程中，王婆還唱了山歌撥弄事非，這般人物形象也是河陽地區特有的，因為河陽山歌在當地也是廣為流傳的民間技藝與傳統娛樂，可知寶卷宣講者將山歌融入寶卷故事的創作。王婆指控劉全外出不在家的期間，翠蓮私通唐僧一行人，人盡皆知：

> 那王婆叫聲員外：虧你還果得著，你可曾聽見外面名聲不好聽！
>
> 員外問聲王婆：啥個名聲？告訴我聽聽。
>
> 王婆說道：街坊上前村後巷大大小小像唱山歌一樣。
>
> 那劉全道：如何唱法？
>
> 王婆道：那好吧！我來唱點你聽聽。

王婆趁機捏造一個眾人皆知的假象，說傳聞甚囂塵上的狀況好比山歌傳遍街頭巷尾。

> 梔子花開心裡烏，劉全討個好老婆。
>
> 西天來個唐和尚，劉全家中像廟堂。

由王婆信手捻來便可開唱的程度可知，山歌在河陽地區並非一種專職的技藝，可能許多人都能隨口唱上一首。

> 王婆叫聲員外：這只山歌還不算好聽，還有兩只實在是好聽，我再來唱給你吧！
>
> 劉家家業有萬全，李氏娘娘有私情。
>
> 擔個和尚家中住，贈只金釵表深情。
>
> 王婆又講：員外，勿單小兒唱，老人也唱，個個人都會唱，實在好聽。員外不知該唱不該唱？
>
> 員外說：快唱給我聽聽。
>
> 梔子花開心裡青，劉全娘子不正經。
>
> 一個和尚倒也罷，沙僧八戒獼猴精。〔註84〕

王婆藉由一首又一首的山歌，成功製造早已流言四起唯獨劉全不知的亂象。王婆早打定主意「若然逼死李氏女，出我胸中之惱恨」，因此對付翠蓮毫不留情。寶卷創作者也利用連續三首山歌將王婆的陰很性情與劉全的怒火都堆疊

〔註84〕《中國・河陽寶卷集》（上），上海：上海文化出版社，2007 年 10 月，頁 540。

至最高峰，誰能想到這些歌全是王婆當下信口亂唱的，因此注定翠蓮的悲苦命運。但其實王婆與翠蓮並無血海深仇，只是起端於王婆想借米但遭翠蓮拒絕，原因是王婆去年所借銀子與白米連本金都尚未歸還。王婆遭拒惱羞成怒即起害人之心，此處也見寶卷創作者的功力，越是枝微末節所引起的軒然大波，就越能突顯王婆心胸之狹窄與個性之陰沉歹毒。同時也順應了觀世音菩薩的預示，翠蓮將被逼死：翠蓮臨死前的悲憤透過寶卷中常見的「哭五更」來呈現：

> 一更過，二更正，丈夫討賬淮安城。街坊碰著唐僧人，和尚金釵街坊賣，丈夫買只轉家門。說我結識唐和尚，蒼天呀，受屈冤枉不翻身！
>
> 三更裡，半夜正，丈夫聽只王婆唆嘴人。含血噴人壞我名聲，逼我奴奴命歸陰。蒼天呀，我丟勿落男女一雙人！
>
> 五更零，大天明，翠蓮啼哭整夜零。恨王婆賤妖精，拆散我恩愛夫妻不該應！蒼天呀，拋男拋女苦伶仃！〔註85〕

「哭五更」的民歌也是套化格式的一種安排，多數用於主人翁受挫時抒發心中悲哀的唱詞。而為惡者的張揚與毫無悔意也在此表現的十分生動，當李翠蓮的冤魂帶著地獄使者前往王婆家勾魂時，半夜前來敲門求助的年輕窮寡婦竟讓王婆無絲毫憐憫之心，還想著：「時來運來，運到來推勿開。賺他幾十兩銀子也好的。」〔註86〕將死到臨頭的自私模樣刻劃的入木三分。

　　河陽寶卷塑造了形形色色的人物形象，正面類型的人物形象較為一致，性格也趨於單一穩定。但是神仙的性格很突出，這與神仙通常伴演決策者或保護者有關。社會底層的大批市井小民形象有時較主角更為鮮活，包括安童、丫髮、街坊鄰居，因為這些平民百姓比忠良正直的主人翁常見也易於模仿拿捏。比起小說或戲劇，人物與劇情的張力固然較為遜色，但這是因為要適合現場演出。因為在河陽地區雖然會有多位寶卷藝人同時參與同一天的演出，但每個時段只有會有一位演者主導場面，劇情的安排與人物的刻畫自然也便利於藝人宣講和聽眾接受。聽卷者多數為年近半百甚或更年長的老人，宣演者要幫助聽眾抓住人物間的關係與故事主要脈絡，因此有諸多的提醒套語，再透過個性化的人物語言或動作保持演出的穩定性。

〔註85〕《中國‧河陽寶卷集》（上），上海：上海文化出版社，2007年10月，頁541。
〔註86〕《中國‧河陽寶卷集》（上），上海：上海文化出版社，2007年10月，頁544。

第五節　地方特色

在民間寶卷中的世界，神仙與鬼怪的架構不是嚴謹的宗教關係。隨著民間宗教與信仰的普及化，帶有教化性的同時也產生了實用性。對平民百姓而言，聆聽寶卷是帶有功利取向與實用價值的，一切都是為瞭解決生活中的困境。現今的寶卷活動教導人民追求的修行是「行善」，以去惡揚善的自身約束為終極目的，得到的利益是福報與往生後成仙成佛的可能，寶卷變得具有穩定社會關係的功能。勸善是寶卷教化的終極目標，不論是何種寶卷，都可歸納出：「敬鬼神、尊天地、孝父母、行善事」的重點。也因為這樣的信念，使寶卷的形式、故事結構都跟著制式化，由固定的模式轉而為信仰教化的模式。本節擬透過對《天曹卷》、《城隍寶卷》的認識，瞭解劉猛將在歷史中的地位，與城隍信仰這種地方性強烈的守護神對河陽地區的影響。

一、《龍王卷》的內容與形式

《龍王卷》亦為河陽寶卷中的稀見本，乃是講經先生根據河陽地區的傳說故事而創作的新寶卷。《河陽寶卷》中所藏的為港口涇村胡正興抄本，內容講述南高宗時江蘇常熟縣北門外有個穆家庄，有一姓康的員外，育有一女叫妙貞。某天至河邊洗衣時見水面飄來一粒白蒲棗，妙貞撈起便吃，殊不知其實是吃下了龍王生的蛋，因此十月後生下一條小白龍。未婚懷孕的妙貞因此臭名遠播，小白龍挑了良辰吉時由妙貞的胳肢窩裡出生，頭上有角形似蛇。員外一家以為牠是妖怪，想要水淹死牠，但牠一入水血污洗淨之後搖身一變就飛出窗外。小白龍去見東海龍王，拜鰲光老祖為師，要老祖代他奏上天庭，好讓牠有個容身之處。玉皇大帝封小白龍為頂山太白龍王，命他教各地旱災。妙貞產下白龍後立即死亡讓員外夫婦悲痛萬分，下葬後當地地保知聞此事，上奏常熟知縣。欽差大人也前往視察，高宗並下旨在虞山北面建造「白龍王廟」，共二十一間。後來鄉親將妙貞之墓移往正山門下，立石碑刻有「龍母基」三字，並刻「頂山聖母娘娘」的牌位。員外夫婦則廣施仁義，將自己的家財全都捐給窮人，玉皇大帝派金童玉女接引他們前往極樂世界。

由《龍王卷》的抄本形式可看出張家港地區現今仍講唱《龍王卷》，全篇韻文多用七字句，抄本還有提醒聽眾該和佛之處，寫著「眾念：南無太白龍王菩薩阿彌陀佛」〔註87〕《龍王卷》主要是為洪水災害時民眾齊心協力克服

〔註87〕《中國・河陽寶卷集》（上），上海：上海文化出版社，2007 年 10 月，頁 159。

水患的風俗而唱，若於龍王廟做會時，也會請唱《龍王卷》。小龍王成為河陽地區稻作的雨神，因此水旱災時均時常講唱《龍王卷》。《龍王卷》中除了河陽地區的傳說故事之外，還包含了地形的由來傳說。龍王信仰崇拜由來既久，各種有關龍王信仰的傳說故事也蘊育而生，《龍王卷》是講經先生根據民間傳說故事創作的寶卷，同時也是龍王信仰的體現。卷中故事與山東所流傳的龍王故事有些許雷同之處，類似之處有二：

（一）與地形傳說相結合

山東費縣每年六月初六的龍王堂廟會是當地有名的民俗盛會。當地有關龍王的傳說故事因為慢慢地與黑龍江地名由來故事掛鉤，〔註88〕故事主角是隻小黑龍，因救了山東老人，所以在與白龍相抗衡時，吃了老人丟了饅饃而戰勝白龍，從此，白龍江改名為黑龍江。《龍王卷》卷中的小白龍生養之處為於港口小山村，傳說小白龍是在暝娘灣山海，這些因地形而有的地名傳說都與龍王信仰相結合，使龍王信仰更深植人心。

（二）龍王皆為女人懷胎所生

山東黑龍王的生母是李老好夫妻，兩人三十多歲仍無子嗣，有天妻子忽然有喜了，兩人欣喜若狂，但足足懷胎二十四個月，仍未產子。黑龍出生時由肋下蹦出，嚇死了李夫人。

《龍王卷》中的小白龍則是由未婚的穆姓小姐吃了河邊漂來的白棗所懷胎，十月滿足時亦未見生產，因為小白龍需挑選好日子出世。生產時小白龍咬破娘親的胳肢窩竄出，母親因此死亡。

二、《城隍寶卷》的內容與形式

《河陽寶卷》中所收錄的《城隍寶卷》為港口胡正興的抄本。寶卷開頭就言明「且說這部寶卷出在清朝末年」〔註89〕，主要內容講述清咸豐年間常熟縣滸浦鎮有一叫陳景光的人，文武雙全又家財萬貫，上京應試得武舉人，因而被封為常熟縣主。陳景光為官清正又建奇功，不幸病逝後受皇帝敕封威靈侯城隍司。城隍受封後因生前並未娶妻，因此在冥府工作之時喜歡上李家庄的李鳳英，遂變成菜花螞蟻去求小姐婚配。鳳英本覺只是一隻小螞蟻如何

〔註88〕參見王全賀：〈費縣龍王堂廟會〉，《民俗研究》，1994年第1期，頁85。
〔註89〕《中國‧河陽寶卷集》（上），上海：上海文化出版社，2007年10月，頁150。

婚配？隨口答應後卻昏迷不醒，李鳳英轉醒後告訴母親城隍要她做夫人，就一命歸陰了。

這是一個簡單的故事，卻與張家港地區的傳說緊密結合。張家港在恬庄村以前有個有名的城隍廟。從《城隍寶卷》可發現，當地城隍信仰與其他神靈信仰最大的不同點在於，城隍信仰具有相當強烈的地方性傾向。城隍職司固定區域，成為當地百姓信仰的指標，也因其神能的擴充範圍含蓋日常百姓生活，而轉為當地的地方守護神。

據前人研究指出，宋代以後城隍的職能擴大為主管本城降雨抗旱、五穀豐收、生兒育女、消彌災禍等地方保護神的功能。〔註90〕明初洪武改制，城隍神被封為王、公、侯、伯的爵位，並規定了都府州縣城隍神不同的品級，朝廷下令各級行政單位建立城隍廟，城隍神信仰達到了最鼎盛的階段。此後，明清二代，城隍廟的興建遍布全國各地，城隍神也受到特別的禮拜與崇敬，〔註91〕利用行政手段來推進民間信仰的傳播從而加強對基層社會的控制，是統治階級常用來控制基層民眾的手段之一，明初朝廷對城隍神的封賜亦如是。因此雖然城隍神在冥府結構中是十王的下屬，但也因而更接近民間，出現了城隍人格化的現象。城隍神是明代以來官方和民間最有影響力的神祇之一。張家港地區的城隍神是當地人民的信仰重心，《城隍寶卷》中也透露信仰的變動，配合當地城隍廟會的概況，可以見到當地的城隍信仰，同樣為地方守護神的還有劉猛將。

三、文獻中的劉猛將

劉猛將的神格，歷史文獻記載是驅蝗神，清代官府也是把它作為「驅蝗正神」列入祀典。但是在蘇州地區的民間信仰中，它不止於驅蝗，或者說主要不是驅蝗。中國的主要蝗災區是華北平原，據歷史文獻的記錄，平均每六、七年發生一次大蝗災；在江淮一帶，超過十年。江南是蝗災的邊緣區，作為驅蝗神，他的意義不大，但這裡卻是猛將信仰的主要流傳區域。

四、《猛將寶卷》的內容與形式

河陽寶卷中收錄兩個不同版本的關於劉猛將的寶卷，一是《猛將寶卷》，

〔註90〕詳見林國平《閩台民間信仰源流》一書。
〔註91〕范正義、黃永鋒：《民俗八神——揚善止惡的象徵》，北京：宗教文化出版社，2009年7月，頁25。

另一是《劉神卷》。以下分別敘述兩個版本間的異同。河陽寶卷中所藏的《猛將寶卷》版本是取自於港口東南村張詠吟〔註92〕的藏本，寶卷版已開宗明義寫著「本卷是在《天曹寶卷》的基礎上，發展再創作而來，人物描寫細膩，寫得更活更傳神，是民間的集體創作。」〔註93〕《猛將寶卷》分上、下兩集。講的是宋代江蘇松江府上海縣南面落彈墩上劉三官娶妻包氏，因為膝下無子，夫婦兩人遂至三官廟中求子，果得一子，名劉伏祖，學名道元。後包氏過逝劉氏續絃朱氏，後母對道元百般欺凌，要他放鴨趕鵝。後母故意將鵝竊取，誣賴是道元失職，並挑撥劉三官將其淹死。所幸道元乃阿難尊者轉世，在水中翻滾之際為外婆所救。但在外公家仍遭舅母嫌隙，外公只好派他去看鵝，道元無意間發現了一隻聚寶盆，拿著寶物去祭拜母親，孝行感動了玉帝，得到了許多盔甲寶物。道元穿上後具有神力，適逢農地遇蝗災，道元顯神通驅除蝗害。隨後受朝廷徵召為將軍抵抗西番出征，大敗番將，被封為威侯鎮國大將軍。寶卷最後以道元受召於玉皇大帝上天庭，封為劉猛將作結。是以猛將非其名字，而是取其猛將軍之意。

《劉神卷》則是港口清水村錢筱彥〔註94〕的抄本，內容較為簡短，無分上下卷。故事主人翁劉康得，娶妻包氏，兩人三十二歲膝下無子，遂往觀音堂求子得子後取名劉祖，長大後拜閔師學武，因母親病危而返家，不料卻遭遇父母雙亡的慘劇而想出家。但遭太白金星點化，因緣際會下征戰北番，獲得勝利後受封「中山永定公劉大神」。寶卷故事以劉祖封為永定公，與父母同被供奉於劉神廟作結。

相傳農曆正月十三日為劉猛將生日，在張家港地區河陽橋劉神廟，吳下劉神廟裡齋猛將，以紀念他驅瘟驅農害的功績。張家港境內還建有劉神廟，廟在河陽鎮東、河陽橋南南。據傳河陽山之戰後，韓世忠將劉琦部抗敵事跡上報朝廷，高宗趙構特封劉琦為永定公，並敕命建劉神廟，以志紀念。

〔註92〕張詠吟是當地小有名氣的女寶卷藝人，與蔣祖恩為夫妻，蔣祖恩年事已高，不再從事宣講工作，但藏有大量寶卷的手抄本，筆者訪問蔣先生時，從寶卷宣演的場合跟隨蔣先生返家，先生隨意在家中找即可拿出至少六十冊的寶卷。張詠吟收藏有128卷寶卷，絕大多數都是多年前蔣祖恩為她手抄而來。

〔註93〕《中國‧河陽寶卷集》（上），上海：上海文化出版社，2007年10月，頁14。

〔註94〕錢筱彥也是當地資深的寶卷藝人，所收藏的寶卷抄本有五十多卷。十餘歲即拜師學藝，師祖李元，六年出師，單獨講唱寶卷，在港口、妙橋等地頗富盛名。夏根元、張詠吟等人都是他的徒弟，兒子錢建國也跟他學講唱寶卷。

五、民間傳說中的劉猛將

據記載，鬧猛將或稱祭猛將，在中國一年要舉行二個節日，春季舉行叫春節，秋季舉行叫秋節。春節鬧猛將的活動主要在過年，故民間將過年也稱之為春節，古代河陽地區就有迎春的習俗，春節鬧猛將，在吳地百姓心中猛將是「吉祥神」。因猛將神又被封為「揚威侯」，加封為吉祥王，故有此名。劉猛將的故事在江南地區流傳甚廣，各地的故事版本也不盡相同，常見的版本有四種：

（一）宋景帝年間地方遭蝗害，抗金名將劉錡殲滅蝗蟲，被敕封為揚威侯，後為天曹猛將之神。劉錡在世時曾有「猛將軍」之稱。據清姚福鈞《鑄鼎余聞》卷三記載：「劉猛將軍即宋將劉錡，舊祀于宋，以北直、山東諸省常有蝗蝻之患，禱于將軍，則不為災。」另乾隆《濟陽縣誌》也有記載，其卷五引《怡庵雜錄》所收宋景定四年（1263 年）敕：「邇年以來，飛蝗犯禁，漸食嘉禾……民不能祛，吏不能捕，賴爾神力，掃蕩無餘。上感其恩，下懷其惠……劉錡，今特敕封為天曹猛將之神。」劉錡的形象與劉猛將軍比較接近，結合記載來看，劉錡可能是劉猛將軍信仰的最初原型，而這也是目前學界公認的答案。

（二）河北地區民間說傳說中的劉猛將軍，劉猛為一個屢打勝仗的勇路。十六歲從軍後屢建奇功。有一年渤海灘發生蝗災，劉猛將軍奉命消除蟲災，可是他率兵日夜追打，害蟲還是有增無減。劉猛將軍無計可施，又不想對朝廷無所交待，因此縱馬奔往渤海。大批蝗蟲也跟著他投海，於是蝗災解除。後人為了紀念他，在武帝台上建造了劉猛將軍廟。濟南地區還有一關於劉猛將軍的傳說，他的夫人國色天香，好色的皇帝把她騙進宮，又設計使劉猛從陡峭山路上跌落下馬而死，又以戶滅兩家九族迫使劉夫人就範。劉夫人提出為丈夫蓋廟並年年祭祀，由於劉猛是濟南人，濟南的官員便奉旨蓋了將軍廟〔註 95〕，有一說濟南的將軍廟祭拜的即是這個劉猛，但另有一說是劉承忠。

（三）南宋時，有一人名喚劉宰，字平國，金壇人。南宋紹熙元年（1190年）進士，曾官至浙東司幹官，告歸隱居三十年，卒諡文清，有《漫塘文集》、《漫塘詩集》行世。劉宰之說在濟南地區較為普遍。以在濟南大明湖畔寫《秋

〔註 95〕但濟南的此一傳說有孟姜女故事的真跡，且與驅蝗無關，因此不列入詳細討論。

柳》詩而聞名天下的王世禎就在《居易錄》中說，「舊說江以南無蝗螟，近時始有之。俗祀劉漫堂率為蝗神，劉為金壇人，有專祠，往祀之，則蝗不為災。」俗呼「莽將」，殊為不經。乾隆《山東通志》也從王世禎之說。但趙蔡所其作序言中說劉宰是一個「學術本伊洛，文藝過漢唐」的文士，而且《鑄鼎余聞》說他「本傳不載捕蝗事，且尉江甯時，息巫風，禁妖術，居鄉白於有司，毀淫祠八十四所」。這樣一個生前反迷信的人，死後竟被人稱為猛將神，其「驅蝗保稼」猛將軍的光環，恐怕是後人傳說附會而成。

　　（四）元末猛將劉承忠，吳川人。嘉慶《莒州志》卷四記載他：

　　　元末授指揮，弱冠臨戎，兵不血刃，盜皆鼠竄，適江淮千里飛蝗遍
　　　野，將軍揮劍追逐，須臾蝗飛境外。後因鼎革，自沉於河，有司奏
　　　請授猛將軍之號。〔註96〕

山東各縣誌及《畿輔通志》也有劉承忠為猛將之號的相關描述，說他因江淮蝗旱，督兵捕蝗，盡死。後因元亡，自沉於河。劉猛將軍是劉承忠的說法出現最晚，但在山東方志記載中卻最有勢力，「山左之祀劉猛將軍久也」〔註97〕。張繼認為濟南將軍廟所祀劉猛將軍為劉承忠，最重要的原因是因為劉承忠曾被載入清代祀典。濟南地區舊俗以正月十三日為劉猛將軍誕辰日，當日除官府致祭外，民間還舉行熱鬧的迎神賽會。

六、猛將故事對河陽地區的影響

　　劉猛將的傳說經過歷代的變化後，在現今的河陽地區已轉變為地區性的保護神，因此不再是只有驅蝗作用的農業神，而是掌管農業經濟，還有對人民的生老病死等苦痛的救贖。在張家港地區，不同的村落幾乎都有自己的保護神，當地稱劉猛將為劉神，尤其是高莊村更是將神視為地方保護神。張家港地區有很多為紀念劉猛將而由民間建造的猛將廟，劉猛將軍廟又稱劉猛將廟、劉王廟、吉祥王廟（因為劉猛將神號吉樣王）、揚威侯廟（受封為揚威侯）、猛將堂、猛將廟、劉太尉廟等別稱。一般而言，在中國立廟規則中，劉猛將廟多設於府州縣治，而其他廟堂或設於府縣，或設於市鎮鄉裏。但在張家港地區，劉猛將為「鄉村祭賽之神，其廟村落橋亭到處有之」〔註98〕，「遠

〔註96〕（清）許紹錦等修案：《山東省莒州志》，臺北：成文出版社，1976年，頁181。

〔註97〕民國《長清縣誌》載清李紹富《重修劉將軍廟記》說各地將軍廟裡的劉將軍
　　　　塑像為一少年形象，與史書所載的「弱冠臨戎」形象相吻合。

〔註98〕曹允源、李根源纂：《民國吳志》，南京市：鳳凰出版社，2008年，頁493。

近各村無地無之，甚有一村而分立數祀者，祀神之所亦不一，或立小廟，或附於庵院，或供於家，悉數難終。」〔註99〕在這些為數眾多的劉猛將廟中，其實存在著一種信仰級別的等差，從廟宇的規模和分布的地點可以發現其秩序為存在於村落的廟宇需向高一級的中心廟宇進香。〔註100〕《江陰縣志》對此現象有所記載，光緒年間在南門外駐節亭有劉猛將軍廟，在葫橋、花山、三官諸處有行宮，雲亭、青呀、顧山、沙洲則供有肖像。〔註101〕以此規模來看，南門外的劉猛將軍廟即是中心廟宇，猛將行宮次之，肖像之處又次之。由這些等級共構一個信仰的空間，而居中生活的人民則因此產生一個信仰模式。劉猛將在神仙系統中只是一介小神，屬民間神明中的驅蝗神，但他在農民中有著很高的地位，因為是農作物的保護神也掌握農民的生計，是稻作文化〔註102〕之神。由於水稻生產而影響所及的民間生活方式與習俗，還有產稻區的人民性格，都會產生文化上的差異，因此，劉猛將是以農業為主的張家港地區信仰中非常重要的一環。除了是農業保護神以外，在當地有認劉神為寄父的現象，因此在這種人家家中也會邀請寶卷藝人前往宣唱《猛將寶卷》。張家港地區的劉猛將廟隱身在一片農田之後，樸素破舊的廟宇之上有「風調雨順」的匾額，廟前的香爐寫著「乾隆拾壹年」，可知建廟時間應即為乾隆十一年（1746），這座廟宇是當地農民為祈求風調雨順、農作豐收而修建，但畢竟是民間私修廟宇，害怕被政府拆遷。因此，廟宇低調隱身田野，村民也盡可能以農作物掩蔽廟宇。

小結

寶卷的故事在傳播中，不是原封不動地被抄寫，而是常常被宣演者或聽眾根據現實生活的具體情形和需求，進行多方面的潤色和改寫。在這個過程中，融進了民眾的藝術才能、審美旨趣和價值標準，被不斷地進行再創作的寶卷故事，無論在思想內容和藝術形式等各個方面都較最初的形態更為完善，

〔註99〕（清）陶察：《周莊志》卷三，《祠廟·猛將堂》，上海：上海古籍出版社，2002年，頁 63。

〔註100〕這樣的信仰模式並不是罕見的，鄰近的周莊也存有相同的情況。

〔註101〕（清）李念貽，（清）夏煒如纂，（清）盧思誠，（清）馮壽鏡修：〈秩祀〉，《光緒江陰縣志》，南京：鳳凰出版社，2008 年，頁 207。

〔註102〕在此所謂的稻作文化（rice planting culture）指的是廣義的人們以水稻種植為主要的生存方式和經濟發展的文化。

更為精純，也與時俱進。其藝術感染力更強，當然其生命力也就愈強。可以這麼說，一個寶卷故事先由一個人或一部分人傳講，然後一傳十、十傳百，聽眾參與傳播。於是，在寶卷故事傳播的過程中又經過了包括聽眾在內等很多次加工、潤色和修改。寶卷抄本歸一人所有，但人人可以影響改動，享受聽卷的過程也參與其中。寶卷故事抄本一般都沒有作者名，只有抄卷者的姓名與日期，這就形成了寶卷故事「無名姓」的特點。例如《金神卷》、《目蓮卷》、《洛陽橋神》、《香山寶卷》等，都是標明「某某藏本」或「某某抄本」等字樣，都說明這些寶卷故事產生的形態。口語創作使寶卷故事具有重要特徵，它說明寶卷故事是世代生活在河陽地區的廣大群眾集體智慧和藝術才能的結晶和體現，這也是寶卷故事為廣大的河陽地區老百姓所喜聞樂道的重要因素。

河陽寶卷中的民間故事不斷變化的特徵具體表現在口頭作品的語詞上，反映在書面文字當中，故事情節、主題思想和題材等方面的發展多元則使河陽寶卷中的民間故事產生變異，其中的原因多樣化。

首先，源於寶卷的創作和傳播方式。很多寶卷故事創作是依靠民間故事的口頭傳承記憶保存的，然而記憶不可能像文字保存那樣穩定，因此在這些民間故事的流傳過程中，敘述語言、故事情節、人物、細節等難免發生變化。同時，這樣的民間故事被寶卷創作者所吸收，轉化為寶卷抄本。而在傳抄流傳的過程中，又不斷地被新的宣講者微幅更動，聽眾對寶卷故事也很少要求固定化，他們追求故事的生動和鮮活。因此，寶卷創作者就是傳播者，傳播的過程就是再創作的過程，任何觀眾的反應都可能影響宣講者對寶卷故事進行加工、潤色和增刪。例如，《香山寶卷》故事中雖然都是同樣的一個母題，在宣卷表達過程中卻有很多不同的版本。由此可見，民間故事本身就具有流動性，以寶卷為載體的故事也不斷地變化著。神話傳說與迷信之間是有差異的，許多神話對於現況是採取積極的態度，在往富於人民性，表現出人們不肯屈服於命運，並在幻想形式中征服命運，因而能鼓勵人們努力擺脫奴隸的地位與身份而追求一種真正的人的生活。寶卷的存在正有這種力量，帶給信仰者健康的心靈與娛樂，是不同於迷信的。因為迷信總是消極的，反映統治階級的利益，通過宿命論、因果報應的宣傳，讓人們相信命運、順從命運，因而使人心甘情願地做奴隸，並加以美化。現在的寶卷在脫離濃厚秘密宗教的色彩後，有了新生命，教化以百姓道德觀與責任感，因果輪迴只是制衡的機制，而非全貌。

第八章 結 論

　　寶卷是中國民間說唱文學的一種〔註1〕，從唐代變文演變至今，以往多在宗教或民間信仰活動中，依固定的流程演唱，是　種具有傳統义與宗教信仰相結合的講唱文學，因為宗教力量的散播使得寶卷故事透過宣講而廣為流傳，也因為流傳範圍之大引起多國學者的注意，使寶卷具有國際性的研究價值，寶卷文本也多見藏於各國圖書館，如日本的國會圖書館、莫斯科國立列寧圖書館、法國、美國、加拿大、英國等都有研究機構收藏寶卷〔註2〕。張家港市近年來在文化建設上展露頭角，先是出版《中國・河陽山歌集》，緊接著又整理匯合鄰近地區的寶卷，集結成《中國・河陽寶卷集》。該地緊鄰蘇州，寶卷的說唱內容屬蘇州宣卷系統，因張家港市境內有一河陽山故得河陽寶卷之名。河陽寶卷所探錄的有手抄本、木刻本，偶見石印本，這些寶卷抄本原本藏於民間，由張家港市文聯整理成《中國・河陽寶卷集》出版，其文本總稱河陽寶卷「張家港藏本」。因為張家港市文聯的大力推動與《中國・河陽山歌集》的先行出版，故《中國・河陽寶卷集》一問世即引起海峽兩岸研究者的高

〔註1〕 本論文對寶卷出現的時代採車錫倫的說法。寶卷一詞出現在明朝中期以後。清朝晚期，寶卷從華北地區流傳到大江南北，成了民間說唱文學的一種腳本，詳見車錫倫：《信仰、教化、娛樂：中國寶卷研究及其他》，臺北：臺灣學生書局，2002 年 12 月。

〔註2〕 車錫倫表示：「海外大量收集中國寶卷也在三十年代末和四十年代，主要集中於日本，總數約 200 餘種，為澤田瑞穗、倉田淳之助、大淵忍爾等學者及京都大學人文科學研究所、日本國會圖書館等機構收藏。法國、美國、加拿大、英國等國學者和研究機構也有零星的收藏。」語見車錫倫：〈中國寶卷文獻的幾個問題〉，收入車錫倫《中國寶卷總目》，北京：中華書局，2000 年 5 月，頁 17～18。

度關注。經過筆者實際田野調查，發現河陽寶卷的確深具價值，而河陽寶卷的價值就建立上述各章所分別討論的寶卷之中，以下就各章中討論過的河陽寶卷卷本與河陽寶卷中的稀見本、時事寶卷做探討論析其價值，並總結河陽寶卷的價值。

第一節　地方民俗的記錄

　　南北民間宣卷和寶卷的發展，既有密切的聯繫，也有地區差異。吳語區民眾的民間信仰活動是一個龐雜的系統。透過河陽地區與同里地區兩地不同的宣卷田野調查結果可知，同樣屬於吳語區的兩地，宣卷系統也有所區別。河陽地區屬木魚宣卷、同里地區屬絲弦宣卷，除了使用的方言不同，寶卷藝人的表演方式、使用的樂器也全然不同。無論是木魚宣卷或絲弦宣卷同樣都反應當地的民間信仰，民間盛行觀音信仰，在各地的觀音寺廟庵堂觀音誕日舉行的廟會上，多請民間宣卷藝人演唱觀音故事的各種寶卷。各地朝拜觀音的香客乘坐的「香客船」上的宣卷活動，在明末話本小說《型世言》中已有記述，一直延續到當代。

　　除了佛、道教正規的寺廟、宮觀，更多的是散佈於各地農村的大小廟宇，它們供奉著各種各樣的「菩薩」、「老爺」。在眾多的菩薩、老爺的「聖誕」或其他民俗節日，要「出會」敬神或舉行其他祭祀活動。現存數十種抄本《猛將寶卷》，就是在各地每年定期的祭祀活動「猛將會」（或稱「青苗會」、「青苗社」）上演唱的。劉猛將的神格，歷史文獻記載是驅蝗神，清代官府也是把它作為「驅蝗正神」列入祀典。但是在蘇州地區的民間信仰中，它不止於驅蝗，或者說主要不是驅蝗。中國的主要蝗災區是華北平原，據歷史文獻的記錄，平均每六、七年發生一次大蝗災；在江淮一帶，超過十年。江南是蝗災的邊緣區，作為驅蝗神，他的意義不大，但這裡卻是猛將信仰的主要流傳區域，因此《猛將寶卷》在張家港地區倍受重視。又如《城隍寶卷》對張家港地區百姓的影響，雖然恬庄的城隍廟僅存遺址，但當地的城隍信仰仍相當濃厚，這或許也可歸功於《城隍寶卷》的宣演，使民眾能凝聚信仰。張家港人對恬庄城隍除了信仰外還有特殊情感，詳見《張家港傳說》：

　　　　城隍，在道教中傳說是一個城池的守護神，後來變成是陰間的縣官，與陽間的縣官統稱為「陰陽二政府」。各地的城隍都不統一，一般都

是有德於民的官員當城隍，如杭州的文天祥，蘇州的春申君黃歇等。

江陰、常熟城裡的城隍都是黃歇，唯我市的「恬庄城隍」是本地人，

而且還娶老婆。恬庄城隍娶妻的傳說家喻戶曉。〔註3〕

由此可知為何僅存遺址，但當地人民仍對恬庄城隍的故事念念不忘，甚至是
引以為傲。

《龍王卷》的地形傳說不只表現傳說故事對寶卷創作的影響，更顯示農
村對龍王信仰的虔誠。《純陽卷》亦然，透過當地首富也見過呂洞賓的傳奇故
事來增添寶卷的神聖性與說服力，記錄了舊時張家港的傳說與人文風采。《張
家港傳說》一書也對此傳說有所記載：

要說呂純陽，真和暨陽湖人家有仙緣。他曾經三次光臨暨陽湖，而

且都是在農曆三月二十三日河陽山地區廟會時來的。〔註4〕

另外如呂純陽賣藥、賣木梳渡化張家港百姓的寶卷情節也見於此書。張家港
地區對呂純陽的信仰從該書收錄多則呂純陽的傳說故事就可見一斑，除了
上述的《三臨暨陽湖》以外，尚有《呂純陽種仙桃》、《暨陽城賣藥》等故事
可觀。

第二節　宗教信仰的展現

透過寶卷學的歷史研究、寶卷與民間宗教、信仰，及目前各地宣卷的情
況，結合文本與田野調查，全面地研究此一兼俱文學與藝術的民間文學類型。
寶卷思想淵源複雜，兼具儒、道、釋三道正統思想，又受民間傳統文化思想
的浸染，因此很難分清寶卷中哪些屬於佛教思想、哪些又受道教影響，只能
說寶卷吸收了這些性質的東西而成為民間宗教的宣傳品，此外，寶卷也是明
清兩代三教合一的縮影。雖然寶卷文學只是民間文學的一部分，但其中卻也
體現了中國民間文化儒釋道三教合一的重要特徵。

主題思想是除惡揚善，教化人做好事而不作壞事。忠君愛國，每個

人都要成為社會上道德、對國家有益的人，達到整個社會互相幫助，

和諧共處的一種理想社會。〔註5〕

〔註3〕梁一波主編：《張家港傳說》，江蘇：鳳凰出版社，2008 年 10 月，頁 19。

〔註4〕梁一波主編：《張家港傳說》，江蘇：鳳凰出版社，2008 年 10 月，頁 11。

〔註5〕梁一波等人編：〈河陽寶卷概述〉，《中國・河陽寶卷集》（上），上海：上海文
化出版社，2007 年 10 月，頁 1。

中國自道教與佛教相互融合以來，民間的信仰始終是亦道亦佛的。有的學者把民間這一種信仰的宗教，稱為民俗道教或民眾道教，實際上民眾信仰此種宗教的，因為仙佛雜陳，往往自稱是佛教徒。所以拿民間信仰來說，民眾往往仙佛不分，總認為是能夠保祐、降福之神便該虔心祭拜。民間的信仰如此，因此反映在小說跟戲劇中的情節內容也是如此，一是小說戲劇中的仙佛並陳，玉皇大帝跟如來佛便時有打交道的情節產生。二是民間信仰既以仙佛混合為主，因此小說戲劇的內容便不得不跟因果、輪迴、成仙、再生、業報等等民間所熟知的觀念相結合。

反過來說，大多數不識字的民眾，最方便接受教育的地方，便是戲劇跟講唱文學，於是戲劇中的勸善懲惡的倫理道德觀念，以及因果、成仙等的神仙思想，便通過戲劇中的人物，以及情節，廣泛地流傳於民間。寶卷透過平民百姓耳熟能詳的歷史人物、神話人物、小說人物等的傳唱，寓教於樂對聽眾進行愛國教育及道德教育，付予正面能量，如正義、自強、忠孝等。另外內含歷史知識與地方風俗的傳輸，使聽眾更加認識自己的故鄉，是正規教育以外的知識來源。

以中國民間信仰的層面來看寶卷的發展，發現三教合流的現象與寶卷流傳的社會層面有關，以研究者的角度來看，這是宗教的混亂。但是以信仰者的角度來看，這是現實考量的合流，神明是多多益善，符合中國人務實的特質，而又以農村人民最為講求務實，故不論是現實層面或精神層面，寶卷的宣演都能滿足他們的信仰與娛樂。寶卷的娛樂功能與信仰特徵結合，現在的寶卷宣演就本質上來說除了是民間信仰的活動以外，也是娛樂跟敦親睦鄰的方式。筆者在前往張家港田野調查的期間，就聽到許多齋主不約而同地表示「這是我們這裡的大事，也是大家連絡感情的嘛！」，這表示現在的寶卷與過去純粹的宗教性質已經發生了質變。河陽寶卷是張家港特殊的非物質文化遺產，揚善懲惡，儒釋道三教思想和諧統一。《河陽寶卷集》的編輯群花一年的時間編輯出版，分成道佛故事本、民間傳說故事本與道佛儀式本，分四個方面講唱。以祈求為目的者如《灶神卷》、《土地卷》、《路神寶卷》等；以祭祀為目的者如《香山寶卷》、《高神卷》等；以延壽為目的者如《芙蓉寶卷》、《受生寶卷》等；以消災驅疫為目的者如《猛將寶卷》、《二郎卷》等。顯見寶卷宣演對張家港地區百姓生活之必需，不僅提供娛樂，更是信仰寄託之所歸。

　　寶卷是中國古老的民間傳統說唱藝術「宣卷」的底本。一方面由於民間宗教利用寶卷作為宣傳教義的工具：

> 秘密教門為了宣傳自己的主張，教育自己的成員，製造輿論，發展徒眾，編寫、刻印了大量經卷。這些經卷，又稱之為寶卷。「每立一會，必刻一經」，而每得一經，及藉此以傳徒。〔註6〕

因而編制了大量的佈道用寶卷，一方面世俗的宣卷成為民間一項重要的信仰和娛樂活動，使得寶卷得以大量流傳。它在民間文學中扮演著雙重作用的角色，在書面文學與口頭文學上都有著舉足輕重的地位。清及近現代民間宣卷和寶卷，除了晚近江浙地方文獻中有少量記此外，主要靠民間留存的寶卷文本和田野調查的材料來探討。而在田野調查的過程中發現，如《地獄寶卷》雖是用在薦亡法會上，但透過遊冥的情節說地獄的恐怖之景，教化百姓在世時要行善，仔細的將惡行分情節輕重安排在不同的地獄，組織性的安排使信仰更具說服力。河陽地區也一直保存這樣的宗教儀式為往生者薦亡，走完生命最後一程，這些都是寶卷的重要影響力。

第三節　稀見本與時事故事的運用

　　河陽寶卷的搜集與出版是民間文學研究上的一件大事，其搜集時間久、種類多、數量大，而且具有新文獻的獨特價值，其中不乏稀見作品。據高國藩〈《中國·河陽寶卷集》序〉的統計，河陽寶卷未經著錄者多達五十餘卷，他說：

> 河陽寶卷也有未見他處所收藏而屬於自己獨特的珍品。即在傅惜華《寶卷總目》、李世瑜《寶卷綜錄》、車錫倫《寶卷遺書總目》等總目類的書目中都未見的作品。它們是：《都督寶卷》、《金神寶卷》、《城隍寶卷》、《龍王寶卷》、《純陽寶卷》、《路神寶卷》《雷神寶卷》《冥王寶卷》、《河神寶卷》、《李王寶卷》、《文俊寶卷》《王儀寶卷》、《嚴嵩寶卷》、《秦香蓮寶卷》、《劉神寶卷》、《三漢寶卷》、《指路寶卷》、《郭巨孝子寶卷》、《妙郎寶卷》、《花粉寶卷》、《四新寶卷》、《驅瘟寶卷》、《十房媳婦寶卷》、《小豬寶卷》、《壅根借壽寶卷》、《星宿

〔註6〕赫志清：《幽暗的力量──古代秘密結社》，臺北：萬卷樓出版，1999 年 10 月，頁 88～89。

科儀寶卷》、《度關寶卷》《辰星拜贊寶卷》、《淨科寶卷》、《九幽登科寶卷》、《五雷經寶卷》、《筵科寶卷》、《清微全真鬥科寶卷》、《請靈丹寶卷》、《玉帶寶卷》、《鄭三郎寶卷》（即《屠戶寶卷》）、《孟日紅寶卷》、《魏金龍寶卷》、《八寶山寶卷》、《李榮春僧鞋記寶卷》、《姐妹相換寶卷》、《紅杏寶卷》、《天作之合寶卷》、《後娘寶卷》、《張義寶卷》、《攀弓帶寶卷》、《殺官寶寶卷》《遊四城寶卷》、《勤儉寶卷》、《磨刀寶卷》、《鬼穀子寶卷》。〔註7〕

這五十餘卷「未見他處所收藏而屬於自己獨特的珍品，約佔《中國·河陽寶卷集》的三分之一，價值不斐。

當然，上述高國藩所言是否完全正確不無商榷餘地，例如《牛郎織女》即予漏列，又有些寶卷實際上已被著錄或者以異名被著錄者，他一時不察，誤作孤本〔註8〕；話雖如此，這並不影響河陽寶卷的整體價值，尤其當中若干與本地寺廟、神明與人物傳說結合的特有寶卷，如《城隍寶卷》、《龍王寶卷》、《純陽寶卷》、《冥王寶卷》、《李王寶卷》、《王儀寶卷》、《劉神寶卷》等，其價值自是無可取代的。

河陽寶卷的價值除了其中的稀見寶卷，還有時事寶卷的存在。這是對現實社會的即時觀照，也考驗著寶卷藝人對社會的關心以及道德倫理觀，更能充分展現其特殊性。以民間文學的角度而言，它對時事的反應與生命力是值得研究的，才能獲知當事件發生時所帶來的週邊效應。以下分別就《姐妹相換》、《純陽卷》討論稀見本寶卷在河陽寶卷中的呈現與地位。

一、《姐妹相換》的內容與形式

《姐妹相換》所收錄的版本是錦豐登瀛村瞿國龍藏本，普遍而言，在春社與秋社時常用的寶卷均是較受歡迎的卷本。但該寶卷在《河陽寶卷》總目裡，只見瞿國龍一人所藏，署名為 1995 年 3 月寇娜抄本。這是張家港當地的一則民間傳說，是有關「欺貧愛富」思想的故事，主要講唱的時間點在春社

〔註7〕 高國藩：〈《中國·河陽寶卷集》序〉，《東亞文化研究》第九輯，香港：東亞文化出版社，2007 年 8 月，頁 373。

〔註8〕 例如（一）《金神寶卷》，車錫倫《中國卷總目》曾予著錄：又名《金七寶卷》、《金神卷》、《總管卷》；（二）《冥王卷》，車錫倫《中國寶卷總目》亦曾著錄：有民國抄本，一冊。〔北京〕；（三）車錫倫《中國寶卷總目》還著錄了《雙釘記寶卷》上、下集，說明：又名《張義寶卷》、《金龜寶卷》。可見《金神寶卷》、《冥王寶卷》、《張義寶卷》這三種皆非孤本。

與秋社舉行之時。宣傳善惡有報的觀念，教人向善。《姐妹相換》內容講述清代康熙年間，有一富翁張呈祥，與妻子王氏育有一男二女，兒子名叫景相，大女兒翠英與小女兒瑞娥。一日，有一算命先生經過，預言大女兒為姑嫜寡婦命，遭遇將先甜後苦；小女兒則是先苦後甜福分大，將會作宰相夫人，甚至兒子是狀元郎。張呈祥的父母亡故後，停棺在家三年，選擇吉日葬於東山腳下，棺木葬下後，家中卻常不吉利，甚至有鄰人夜裡經過墳邊，聽到墳內像是有人吵鬧。張呈祥本不相信，但當天經過墳邊確實聽到有人說話，而後返家其父母來託夢。原來此地雖是福地，卻非張家墓地，而是毛氏之墳。張呈祥邊走父母之境，卻不知這毛姓之人身處何方。前村有位毛士良，妻子蔣氏頗為賢慧，育有一子正芳。毛士良五十多歲，甚為貧窮，在鄉村中替人看牛。一日，毛士良放牛之時忽然起了狂風大雨，無處可躲，暫時躲在一墳潭之間，此墳潭正是張家移墳後留下的空地。不料雨越下越大，最後將毛士良淹死其中，雨後蔣氏來尋，看見屍首，不禁嚎啕大哭。張呈祥聽見，才知這便是毛氏之墳，其子命定大貴。張呈祥為毛士良張羅後事，買棺買衣，並葬於此處，且接了蔣氏母子到家中照顧。

　　光陰如梭，毛玉芳長大成人，張呈祥兒子放學看見毛正芳在外遊玩，便回家請父親讓他們一起讀書，張呈祥肯定兒子作好事的心便答應了。毛正芳甚有慧根，王氏想將大女兒婚配給他，蔣氏本不敢高攀，但聽王氏表明自己絕不嫌貧愛富的心便答應了此事。日子忽忽已過，長女翠英出落的美麗聰明，然而不同父母，她正是欺貧愛富。因此到了約定迎娶的那天，捶胸頓足不肯上轎，妹妹瑞娥勸翠英聽父母之命，翠英反問為何不由瑞娥出嫁？瑞娥一切聽父母作主，姊妹就此相換。瑞娥嫁到夫家後操持家務不令毛正芳煩心，鼓勵丈夫專心讀書，甚至是半夜一起陪讀。而姊姊翠英果真嫁給有錢人，配給西村綽號潘百萬的潘玉珍。待到新年時姊妹一同返家，翠英特地要潘玉珍帶了許多新衣服，一天就換兩三套，為了要強調窮富女婿的不同，然而瑞娥也不甘示弱，將姊姊的百萬家財說得一文不值，唯有腹內知識是無窮寶庫。

　　毛正芳上京考取功名，在安興鎮上有一位姓王的店家自稱在此等候毛正芳多時，原來是他夢見毛正芳將中解元，並且日後他犯了死罪，唯有毛正芳能救他一命，所以在此接待。毛正芳一聽自己將中解元，心想自己糟糠之妻不體面，等到中舉之後要另覓佳人，結果名落孫山。三年後，毛正芳再度前

往東京考試，王姓店家依舊款待他，毛正芳才知原來自己三年前未考取功名是因為心懷不軌之故。不再有此念頭後，一關一關考過，真正考中解元。翠英聽說毛正芳中舉，恨自己識人不清，當初沒上花轎，因此不肯去賀喜。後來毛正芳又考過殿試，中了探花，皇帝賞其人才，拜為宰相，瑞娥正一品夫人，毛家自此大富大貴。

潘玉珍自以為豪富，在外吃喝嫖賭，卻與人發生爭執，失手將人打死，賠了許多銀兩。緊接著又發生火災，房產燒得乾乾淨淨，連銀兩都被救火人搬去。重新砌屋又發生木匠摔死的意外，又賠了一筆銀兩，潘家財產自此散盡，而潘玉珍甚至因此急死，連好棺材也買不起。丈人張呈祥為他買了一口棺材，女兒翠英也回到娘家。此時瑞娥也正巧返家，威風凜凜的排場和姊姊真是兩樣情。更有甚者，毛玉芳接到聖旨，封為天下巡查御史。毛玉芳封為天下巡查御史後，來到安興鎮，思念王姓老闆，才知他犯了人命大事，將在三天後問斬，毛玉芳輕鬆地解救了他。

翠英越想越傷心，決意出家作尼姑，然而廟中無柴無米，無奈差了小尼姑向毛家通報。毛大人見小尼姑來，知道是翠英差來的，便以綢緞十匹包了黃金百兩，然而翠英以綢緞用不著而退回，毛夫人知道翠英福氣淺薄，將贈物減半再交予小尼姑。翠英知曉後，自剜無用的雙眼，在庵中專心唸經。

張呈祥常常為善助人，一日夢見毛士良托夢謝恩，毛士良感念之餘，稟報玉帝張呈祥的善心，本來張呈祥之子景相無功名，因此緣故會敕封舉人，孫子也會任官。張景相之前考了幾年都名落孫山，但此夢之後果真中了舉人，而孫子後來也真的欽點翰林，作到吏部天官之職，正是因為張呈祥的好善積德才有的福報。由寶卷故事內容看來，其情節與形式都是民間故事「枝無葉」的類型故事，寶卷故事將「枝無葉」故事中的兄弟替換成姊妹。寶卷故事敷衍成篇後的情節較為複雜，加入了算命師的命定之說與毛士良溺斃之故，將情節設定在一個必然會發生的狀態之中，但其中仍不乏人為努力可以改變現況的關鍵。

（一）《姐妹相換》寶卷中的因果報應觀

姐妹相換故事先是透過算命師之口，透露故事最終的結局是翠英先甜後苦的貧窮，與瑞娥先苦後甜的富貴，這也揭示著命運的不可違背。這是中國俗文學故中常見的題材類型，算命師的預告引領著觀眾欲知詳情的好奇心一路往下發展。不論故事情節如何演變，主導故事人物命運變化的都是「心」，

作惡與為善之心的分別，導致貧富的相換、命運的相換。

　　《易經》坤卦中：「積善之家，必有餘慶；積不善之家，必有餘殃」〔註9〕的傳統因果報應觀，代代流傳，是中國人的傳統儒家思想之一。凌濛初的《初刻拍案驚奇》第二十一卷中也說：「積善之家，必有餘慶；作惡之家，必有餘殃。」〔註10〕從《易經》到《初刻拍案驚奇》也是由西周到清初，這樣的思想未曾被動搖，從「五經」到市民小說，再流至寶卷。中國人受佛教果報觀影響的善惡說，〔註11〕經過儒釋合流後在寶卷故事中也清晰可見。寶卷開頭言明：

> 自從盤古到如今，燒香念佛敬神明。
>
> 如來佛三世修成道，觀音老母度凡人。
>
> 姐掉妹換初展開，諸佛菩薩坐蓮台。
>
> 在堂善人誠心念，虔誠念佛免三災。〔註12〕

這開頭說明河陽地區佛教的盛行與信眾的虔誠，佛教教人擺脫六道輪迴的方法是全心向佛、行善為業，得證善果避惡報，在這個觀念的影響下，寶卷中出現了張呈祥救濟毛氏母子的善舉。毛士良淹死在墓地後，張呈祥見毛氏母子無依無靠，決定收留他們時也說：「養你母子是善事，我要積德傳子孫」〔註13〕，積福報、陰德並非為了自身的現世，而是為了庇蔭子孫。

（二）《姐妹相換》中的教育思想

　　寶卷受善書與功過格的影響，行善積陰德的觀念也有所反應。張呈祥見父母之墳怪異之事不斷，發現該地為毛姓之人所有之後決定遷墳，他想「若有姓毛的人來看地，我就將這塊地送給他安葬，也是陰功積德便了。」〔註14〕這也是中國人的傳統思想之一，也體現了儒家仁愛思想的寬厚美德，而這種素材向來是農民最喜聞樂道的，與人為善救人於水火的行為鼓舞當地人民向善的心。張呈祥的兒子見毛正芳在外遊玩，請求父親跟他一起讀書，張呈祥聽了十分欣喜道：「我也真正不在心，我也忘記落了。我里兒子小小年紀倒也

〔註9〕《醫句十三經經文・周易》，臺北：臺灣開明書局，1991年，頁2。

〔註10〕凌濛初著；陳邇冬、郭雋杰校註：《初刻拍案驚奇》，臺北市：光復書局，1998年，頁296。

〔註11〕佛教認為業有三報，一曰現報、二曰生報、三曰後報。

〔註12〕《中國・河陽寶卷集》（下），上海：上海文化出版社，2007年10月，頁1113。

〔註13〕《中國・河陽寶卷集》（下），上海：上海文化出版社，2007年10月，頁1113。

〔註14〕《中國・河場寶卷集》（下），上海：上海文化出版社，2007年10月，頁1113。

曉得做好事，真正可稱善門之子便了。」〔註15〕此處顯示的張呈祥的善良與
寬厚，不覺得此事又要花錢，反倒怪自己不經心，對於兒子年幼便知行善更
感寬慰。這也可看做是張呈祥的福報，有個好兒子，因此在儒家長期教化下
所強調的是「重德輕財」恰與故事主題相反。瑞娥與姐姐交換因此出嫁，理
由也是因為「我今嫁與毛家去，並非私心要嫁人，遵依父母不可違，違逆父
母不該應。」〔註16〕寶卷故事在此突顯父母之命、媒妁之言不可違的孝順，
與姐姐欺貧愛富的不孝形成強烈對比。寶卷最明顯的「重德輕財」處莫過於
兩姐妹返家時的比較，翠英因後嫁給潘百萬，故「時式衣裳都帶足，一天換
了兩三身。」〔註17〕但瑞娥並不在意，反道：「姐夫時時換衣衫，明明是個骨
頭輕。……我俚丈夫多穩重，沒有一點骨頭輕。」〔註18〕將姐姐的萬貫家財
說的不值一文，而自己丈夫能為人所重是因為「肚中才學誰人及？出門人人
不看輕。」〔註19〕此處也再次說明才德比財力更重要。

　　寶卷故事中也不乏道德教育，宣揚正確的倫理關係。毛正芳趕考時遇見
王老闆，王老闆熱情款待這個陌生人，因為王老闆說：

> 我家常常做好事的。……所以三天前頭有神明托夢對我說後三天有
> 個毛正芳先生，今年要中解元，你日後有個人命大事，犯了死罪，
> 有毛先生能救你的死罪。〔註20〕

王老闆因常行善事，所以神明托夢欲救他日後死罪，也說明平日積善會有現
世福報的觀念。但毛正芳卻因此想著中解元後要換掉糟糠之妻，因為他嫌瑞
娥「頭髮蓬鬆不體面，常帶毛病不離身，怎能做得正夫人？中舉以後重新尋」
〔註21〕結果名落孫山，只得重頭再來。三年後應試又遇王老闆，毛正芳怪王
老闆當年的話不準，王老闆直言：「先生，你心中要嫌比娘子醜相，不體面，
又恨她常常有毛病，所以不得中解元。」〔註22〕王老闆一語驚醒夢中人，毛
正芳感念於神明知他心術不正，轉念專心於考試，才一舉中解元。此事體現
的是儒家夫妻倫理觀念透過神明的勸懲達到匡正人心的作用，說明《後漢

〔註15〕《中國・河陽寶卷集》（下），上海：上海文化出版社，2007年10月，頁1114。
〔註16〕《中國・河陽寶卷集》（下），上海：上海文化出版社，2007年10月，頁1114。
〔註17〕《中國・河陽寶卷集》（下），上海：上海文化出版社，2007年10月，頁1116。
〔註18〕《中國・河陽寶卷集》（下），上海：上海文化出版社，2007年10月，頁1116。
〔註19〕《中國・河陽寶卷集》（下），上海：上海文化出版社，2007年10月，頁1116。
〔註20〕《中國・河陽寶卷集》（下），上海：上海文化出版社，2007年10月，頁1117。
〔註21〕《中國・河陽寶卷集》（下），上海：上海文化出版社，2007年10月，頁1117。
〔註22〕《中國・河陽寶卷集》（下），上海：上海文化出版社，2007年10月，頁1117。

書‧宋弘傳》中「貧賤之知不可忘，糟糠之妻不下堂」〔註23〕的道理。此一轉折為寶卷故事增添曲折的故事情節，也融入儒家的思想為中國傳統婦女發聲。

二、《純陽卷》的內容與形式

《純陽卷》是河陽寶卷中的稀見作品，同時也是新型態寶卷的一種，創作者未知其人，《河陽寶卷》中收錄的為夏根元抄本。內容講述呂洞賓成仙的故事，呂洞賓原為落第書生，三次考試皆名落孫山，眼見滿腹才學無處發揮，入眼所見又都是需要救濟的百姓，因此上終南山尋找漢鐘離學藝。修練成仙後卻不入仙班，決意下凡度濟蒼生，醫病濟世、雲遊四海。先後去過黃鶴樓、岳陽樓、蘇州，最後來到河陽山，恬庄首富楊元峰還見過他，只是無緣被渡化。

（一）《純陽卷》中的地方風俗

寶卷故事中未見以往將呂洞賓與「黃粱夢」、「白牡丹」相關的傳統故事類型，反而寫呂純陽離開蘇州到了河陽山參加三月二十二日的河陽山廟會，這是緊扣當地的春日廟會風俗而作的寶卷故事。高國藩曾寫〈從河陽寶卷談到全真道與《八仙上壽寶卷》〉一文，內容論及河陽寶卷中的八仙與全真道的關連，論證河陽寶卷所收錄的眾多寶卷都與全真道有關，是深受全真道系統影響的寶卷。但高氏一文曾提及：

> 我在讀河陽寶卷原卷時發現，河陽寶卷裡有一本《純陽寶卷》，在它的題注裡，寫了一條「全真道北五祖，世稱呂祖。」可見《純陽寶卷》的道教文化背景可以明確是全真道無疑。……我曾提請幾位編輯校對先生們注意，但遺憾的是他們忽略了。幾本互有異文的《純陽寶卷》被合併成一卷《純陽卷》，有些失真。更有甚者，竟然刪去這一條重要的題注，也就抹去了《純陽寶卷》的全真道特徵。〔註24〕

高國藩所言無法論證其真實性，因現行出版的《河陽寶卷》確實無此注解。由故事內容文字也無法判斷《純陽卷》與全真教的關連，故本文將重點著重

〔註23〕（劉宋）范曄撰，（唐）李賢等注，（晉）司馬彪補志，楊家駱主編：《後漢書‧宋弘傳》，臺北：鼎文書局，1981 年，頁 905。
〔註24〕高氏一文收錄於《河陽文化研究》第一輯。

在寶卷故事本身的地方性與獨特性。故事中的楊元峰為張家港地區的名人，楊元峰，名楊岱（1737～1803），河陽山東恬庄鎮人，為當地首富，曾拓展街市、疏通河道。為人注重地方教育，曾效法范仲淹在當地辦義學，為人所稱道。過世後留下楊氏南宅、楊氏孝坊、榜眼府等古蹟，均位在張家港市鳳凰鎮的恬庄老街上。筆者曾在恬庄地區進行田野調查時兩次參訪榜眼府與楊氏南宅，該處已被中國列入古蹟保護，有專人管理但尚未正式對外全面開放參觀。若以現存古蹟跟寶卷的發展形式而言，對張家港地區最有利的發展方法應是將已列入非物質文化遺產的寶卷搭配古蹟的文化之旅。仍在現場演出的寶卷與可親身照訪的故事名勝，都給人親臨現場的真實感，這也是寶卷得以保存的方法之一。

（二）《純陽卷》中的濟世思想

八仙是中國民間十分崇拜的一種道教信仰，它在民間有深遠的影響性，因為八仙幾乎都有劫富濟貧、扶助弱小的特色。在過去的中國社會，民眾受到各種不公平的壓迫，受到戰爭、疾病的荼毒卻求助無門，因此透過八仙信仰得到心靈的平衡。呂洞賓戲白牡丹的故事類型雖未被運用在寶卷中，但是至藥店買藥的情節卻被寶卷吸收變成精華，利用呂純陽行醫濟事的故事塑造一個神仙下凡的形象。下凡主旨是：

> 他看到世上各種卑鄙的人，就前去變弄教化他，去點化他們迷誤，
>
> 勸人要行方便，不要強凶霸道。倘然不聽勸化，定遭懲罰。〔註25〕

這是藉呂祖之口說出要與人為善之意，故事接著由呂洞賓賣木梳幫老婦人梳頭，助她回春來顯現神蹟。略施小技希望世人能懂，但事實並不然。寶卷中尚引用唐朝呂岩所寫的《題黃鶴樓石照》之詩：

> 黃鶴樓前吹笛時，白藕紅菱滿江湄。
>
> 衷情欲訴誰能會，準有清風明月知。〔註26〕

利用此詩來表達仙人欲度眾生，而眾生未感的心情。於是呂洞賓前往湖南長沙，再次以裝錢的小瓦罐測試人心，若遇路見不平則「幫助人家解災星」。寶卷故事緊接著結合滕子京重修岳陽樓、范仲淹寫〈岳陽樓記〉之事，塑造仙人與滕子京一會之事。寶卷故事展現寶卷創作者想展現才學之意，文字間看得出是近人之作，因為當故事進行至呂洞賓前往蘇州時，以往在戲劇中《杭

〔註25〕《中國‧河陽寶卷集》（上），上海：上海文化出版社，2007 年 10 月，頁 168。
〔註26〕《中國‧河陽寶卷集》（上），上海：上海文化出版社，2007 年 10 月，頁 168。

州買藥》的情節被改寫為蘇州買藥，買藥的地方還是現在中國知名的老字號
藥店「雷允上」：

> 這樣一來，雷允上藥店的名聲響亮，特別是藥名全國。因此流傳到
> 現在人人皆知是也。〔註27〕

這是寶卷創作者結合當地民間傳說的安排手法，雷允上藥店在當地有呂洞賓
曾經試老板性情，並賜予仙藥的傳說。民間傳說情節與寶卷故事梗概不同，
但基本架構一致，結果也相同。除了《姐妹相換》與《純陽卷》外，還有第五
章已論及的稀見本《牛郎織女》寶卷，丘慧瑩在《中國牛郎織女傳說‧俗文學
卷》前言中提及：

> 開始著手搜集牛郎織女的俗文學作品後，我們很快發現，這一題材
> 在俗文學裡的表現並不多，相對於孟姜女、梁祝甚至董永故事而言，
> 它的文本留存非常短缺，為此也能理解，1950 年代中期路工、傅惜
> 華、杜穎等編撰一套「民間文學資料叢書」時，曾為孟姜女、梁祝、
> 董永、沉香等題材編撰出專門集子，而牛郎織女卻付缺如。〔註28〕

這樣的狀況說明，端看四大傳說故事寶卷的發展，無論是手抄本或刊印本，
除了牛郎織女以外的三個傳說故事都有大量而豐富的資料留存，而《牛郎織
女》寶卷不僅未見於寶卷目錄中，還是在《河陽寶卷》出版後，才被《中國
牛郎織女傳說‧俗文學卷》收錄，這是十分特殊的現象也是《牛郎織女》的
價值。

　　時事故事寶卷並非河陽寶卷所獨有，因此筆者在討論時是根據車錫倫
《中國寶卷新論》對時事故事寶卷的定義，其分類定義如下：

> 明清說唱文學有說「新文（聞）」的傳統。引人注目的社會事件，
> 很快便被編成說唱文學作品演唱，在江浙一帶並刻成唱本流傳。這
> 種說新聞的形式，也被引入民間寶卷中。在吳語區卷中，影響較
> 大的是《獻映橋寶卷》和《山陽縣寶卷》。《獻映橋寶卷》述清嘉慶
> 十九年（1814）江蘇無錫西北鄉鄉民同城中紳士為開放水抗旱而
> 引起的抗爭事件。《山陽縣寶卷》述清道光年間江蘇淮安縣（舊稱
> 山陽縣）發生的一起冤案：惡棍方金生謀霸叔父遺產，勾結官府告

〔註27〕《中國‧河陽寶卷集》（上），上海：上海文化出版社，2007 年 10 月，頁 171。
〔註28〕丘慧瑩編：《中國牛郎織女傳說‧俗文學卷》，桂林：廣西師範大學出版社，
　　　　2008 年 7 月，頁 1。

　　孀母陳氏因奸殺夫，百姓譁然，一直告到蘇州巡撫衙門，終使貪
官、惡人伏法。這兩本寶卷均留存三十餘種手抄本，可見傳唱之
廣。〔註29〕

從這段文字可發現，車錫倫對對時事故事寶卷的定義與小說研究中的時事小
說定義有所不同。差別在於時事小說的新聞性與時效性較為明顯，可是寶卷
受限於版本與創作時間不如小說容易判斷，因此不能肯定時事故事寶卷創作
的時效性。故時事故事寶卷的定義較趨向於針對確實發生過的事實或史實。
如在江南吳方言區，還有唱時事，如常熟地區民國抄本《滑稽小偈》，唱1931
年上海軍民一二八抗戰。河陽寶卷中所存的時事故事寶卷為《山陽縣》寶卷，
主講山陽縣一起冤案終於沉冤得雪的故事，以下就《山陽縣》寶卷一探時事
故事寶卷在河陽寶卷中的價值與地位。

三、《山陽縣》寶卷的內容與形式

　　《山陽縣》寶卷又名《節義寶卷》，分上、下兩卷，內容講述清道光年間，
淮安山陽縣方家庄有一奇聞。上卷講清朝道光年間，在淮安府山陽縣方家莊，
有一豪富方玉春，上有祖母周氏在堂，妻子陳翡娥甚為賢慧，兒子寶林亦聰
明伶俐，方玉春一生濟貧行善，而方門上下闔家安康。然而方玉春得了傷寒
急病，藥石問卜皆無起色，旋即病故，家中老小悲慟至極，主意全無。幸有忠
直的管帳先生張錦文將方玉春後事安排安當，並扶持家中事業。正值方玉春
三七之期，其侄方景生到靈前來。方景生之父乃玉明，為玉春之親兄弟，有
妻張氏，一子春興，張氏也頗賢慧。方景生為人不正，吃喝嫖賭樣樣精通，因
而將自己的一份家私全都揮霍殆盡。方玉春在世時不敢侵門踏戶，待到叔父
亡故，起了不良之心，欺凌孤寡，要求重分家產。周氏聽了大怒，手拿拐杖將
方景生打了出去。方景生邪念一起，加上胸中之氣無處可出，便想出毒計要
謀奪家產。

　　方景生歸家後，先寫了一份狀子要誣害方陳氏，狀告孀娘謀殺親夫。沒
想到狀詞被張氏看見，賢良的張氏希望丈夫改邪歸正，一口將狀紙吞入腹
中，然而方景生一意孤行，不肯放棄計謀，再度寫了狀紙，張氏察覺有異，但
未能勸住方景生。張氏不願做這樣的人的妻子，也不願春興當他子孫，因此

〔註29〕車錫倫：〈中國寶卷新論〉，《民間信仰與民間文學》，臺北：博揚文化事業出
　　　　版，2009年7月，頁40。

抱著春興投井而死。方景生透過刑名師爺曹子斌引見，利誘知縣張松林誣陷方陳氏。前年水荒，張松林虧空庫銀要求方玉春資助，被方玉春拒絕了，舊恨加上方門豐厚的家產，張松林便應承了此事。甚至還提出了應該找個奸夫，讓方陳氏謀害親夫的罪行更具說服力，並且拿出銀兩給方景生以便他行事。方景生找到賭場內裝烟的王以坤，要他當奸夫陷害方陳氏，王以坤本來不肯，但看到雪花的銀兩，方景生又保證王以坤只需在公堂上作作樣子，便答應了。等到方景生安排好計謀，回到家裡，已不見妻子，以為母子拋夫離家，殊不知張氏與春興已死於井中。

公差領了捉拿方陳氏的朱簽堂單到地方保甲莫琢成家中，莫琢成知道誣陷情事，礙於差役難違知縣命令，不得不領差人到方門府上；即使周氏與陳氏對方景生的所作所為深痛惡絕，仍然必須到縣府走一遭。只是沒想到一到大堂之上，眼前所見是一字排開的刑具，要將方陳氏屈打成招。不問緣由，先對方陳氏上了夾棍，痛得方陳氏死去活來，但方陳氏寧死不屈；師爺曹子斌出了一計，要衙役以豬鬃銷奶的大刑待方陳氏，方陳氏當下昏厥在堂上。公堂上看審的老人對知縣不斷用極刑的做法皆有微詞，師爺聽聞耳語，拉住知縣衣袖到後堂，暫且退堂，將方陳氏回押入監，原來是要夜堂復審。方陳氏性格剛烈，根本不知莫須有的奸夫長得是圓是扁，而即使夜堂上知縣不斷逼迫，仍不供罪。師爺曹子斌又出一計，一面發令捉拿奸夫王以坤，一面繼續對方陳氏用大刑，將四枚大銅錢燒紅放在方陳氏的背上，燒得方陳氏皮開肉爛。拘提到預先買來的奸夫王以坤之後，王以坤認為自己一根寒毛也不會少，所以在大堂之上供認不諱。方陳氏在堂上大罵王以坤，仍舊不屈從，曹子斌再生計謀，將皮褲穿在方陳氏身上，並將一雄貓置於皮褲內，以棍棒毆打雄貓，貓兒吃痛便會在皮褲內亂抓亂咬，如此則方陳氏必當疼痛難熬而認罪。沒想到貓兒有靈性，知此乃為冤案，無論如何痛打也無動作，甚至最後撕裂了皮褲逃出去，因此知縣將方陳氏審到三更也徒勞無功。

下卷則說方門周氏為了要替方陳氏伸冤，一路未耽擱直接前往陳家通報緣由。大舅舅陳允紳認為謀殺親夫之事不知真假，竟以高堂陳岳亭臥病為由拒絕直接支援，選擇推託在旁暗中幫助就好。周氏甚為憤怒的離開陳家，卻也沒有計謀。張錦文推薦了淮安府方成典當的管帳徐正明為方家打官司，另外也到縣城去打聽案情，才知方景生買了奸夫咬緊奸情，知縣三番兩次對方陳氏用刑。徐正明寫了狀紙，同周氏一起上告淮安府。府尹高永昌乃知縣張

松林是女兒親家，雖想嚇退周氏，但礙於有徐正明相助，不得已寫了批據，決定開棺驗屍，看方玉春是否真的死於非命。另一方面周氏歸家後，拿了銀兩到監中探望媳婦。方景生聽了驗屍之事，心中十分鬱悶，因方玉春確實因病而死，並未有謀殺情事，而知縣也不是可靠之人。方景生心中忽生一計，鄰鄉曹德正之子曹二被父親用蠟拖釘在腦門上而死，曹家墳與方家墳鄰近，方景生要將方玉春與曹二之棺交換，以曹二之屍魚目混珠。方景生再度以金錢賄賂，買通了看守墳堂的沈三寶與其子沈大觀，再請來趙一貴與錢二珍，四人不能抵擋雪白銀兩的誘惑，加上方景生說，即使穿幫了，前面還有知縣、秀才擋著，便同意幫忙扛棺進墳堂。一開始方玉春的棺材還重得四人也扛不動，是方景生祭奠陰魂能挪動棺材。

完成此事後，方景生回家做了一夢，夢見一群人捕捉河中大魚卻遇著大風，打翻了船，眾人盡皆落水。河水甚深，即將被滅頂而求救無門。關王廟內解夢的劉稻明，為之說解，夢中的大魚乃是巨額錢財，貪財的眾人最終落水而無人相救，代表此事不成，而後頭還有災禍。到開棺驗屍的那天，展場上聚集了為數眾多看虛實的人。打開了棺材，方玉春臉上還鮮血淋淋，知縣立刻要定方陳氏之罪。然而周氏不相信，趨前一看，眼前的屍首衣衫破爛，面貌亦非方玉春。知縣登時逃走，陳岳亨大聲喝住，但陳允師與徐正明只拿住了師爺曹子斌，張錦文綁住方景生，鄉野老人們則是制服了王以坤，至於守墳堂的沈三寶父子也被拏住。

由於淮安府與知縣乃親戚，因此陳岳亨決意上告巡撫，巡撫大人收了徐正明的狀紙，即發了令箭，將一干犯人押解置巡府堂上，而淮安府高永昌自知無法包庇，便下令將方陳氏調出監獄，將一班惡黨親自審問、解送到巡撫堂上。巡撫陳大人將事理一一辨明，並下判決，拿出御賜的上方寶劍，將張松林，曹子斌與王以坤推出轅門斬首；方景生被凌碎割死、磨骨揚塵；捉拿逃逸的趙一貴、錢二珍到案，如同沈三寶父子判決絞死。陳大人念淮安府高永昌初次為宮，不究責失職之罪，但必須將周氏同媳婦方陳氏護送回家、調養傷痕，並將兩口棺材調正。除了將惡徒治罪，陳大人亦上書萬歲，封贈方陳氏為節義夫人，一品官級並建造節義牌坊。方陳氏看破了紅塵，建造觀音殿，看經念佛，發願實行十件善事。而後寶林也長大成人，娶了媳婦唐氏，方家重拾福祿安康的榮況。

四、《山陽縣》寶卷與歷史事件

　　山陽縣，東晉義熙九年建置，南宋改為淮安縣。元至元二十年復名，1914年又改名淮安縣，即今江蘇淮安縣。《河陽寶卷》中所收錄的《山陽縣》寶卷為虞關保抄本與車錫倫所言的非同一版本，車錫倫書中所言惡棍方金生，在河陽寶卷版本中為「方景生」。兩個版本在情節安排上大致相同，但精簡與繁複敷演之間有所差異。

> 清道光二年（1822）山西榆次發生一件轟動全國的京控大案：榆次民女趙二姑被惡人強姦，官員受賄，反認為通姦。趙二姑在大堂上用剪刀刎頸自斃。趙二姑的親人數次進京告狀，驚動朝野。道光皇帝兩次下令刑部嚴查。涉案榆次等三縣知縣及并州知州、太原府、山西布政使、按察使等七個官員被查處。民間流傳有「趙二姑，剪子硬，一下戳翻七顆印」的歌謠，有人根據這一事件編刊了《烈女寶卷》。〔註30〕

關於上述文字，尚有疑竇未解，車氏在〈中國寶卷新論〉一文註解中說文中的《烈女寶卷》即為《趙二姑寶卷》，且現存多部清代抄本。但車錫倫在鑒定常州包立本先生收藏寶卷目時又在第十二項說：烈女寶卷即《山陽縣寶卷》。包先生所藏的為清光緒十九年（1893）修吉堂麋春泉抄本，一冊。封面題「修吉堂」，卷首題「欺嬸」，卷末署「光緒十九年五月底完成麋春泉抄」。此說令人費解，因為趙二姑的故事顯然與山陽縣故事不是同一回事，兩部迥然不同的寶卷均名為《烈女寶卷》的狀況實乃前所未聞。寶卷研究本來就存在同一個故事寶卷但有不同別稱的狀況，但似乎未見兩個截然不同的故事同名，若非車氏誤植則此一現象值得注意，以免造成研究上的混淆。但詳觀包先生的版本卷首還題有「欺嬸」二字，顯然確是山陽縣故事無誤，因為趙二姑故事與欺嬸無關。詳查《清史稿》對此事確有所載：

> 道光四年，平反山西榆次縣民間思虎獄，被議敘。初，思虎強姦趙二姑，知縣呂錫齡受賕，逼認和姦，趙二姑忿而自盡，親屬京控。命巡撫親提，仍以和姦擬結。御史梁中靖疏劾，提解刑部，審得實情是強非和，並原審各官賄囑、徇縱、迴護諸弊狀，思虎論斬，趙二姑旌表，巡撫邱樹棠、按察使盧元偉及府縣各官，降革遣戍有

〔註30〕車錫倫：〈中國寶卷論〉，《民間信仰與民間文學》，臺北：博揚文化事業出版，2009年7月，頁40。

差。詔嘉刑部堂司各官秉公申雪，並予議敘。梁中靖參奏得實，亦加四品銜。會有官犯侯際清擬流，呈請贖罪，部議因際清犯罪情重，仍以可否並請。詔斥含混取巧，命大學士托津等查訊，侍郎恩銘、常英、司員恩德等皆有賄囑情事，對亦解任就質，坐失察司員得賄，嗣子知情，親屬撞騙，議奪職遣戍，因年老，從寬，命效力萬年吉地工程處。逾歲，召署刑部侍郎。六年，以病乞歸。十四年，卒。〔註31〕

《清實錄》對此事亦有所載：

乙巳。諭內閣、山西榆次縣民閻思虎，強姦趙二姑一案。前經趙添中以該知縣當堂逼認和姦，致趙二姑忿涙自盡等情，赴京呈控。降旨交邱樹棠親提嚴審。嗣該撫仍以和姦擬結。御史梁中靖恭奏，復諭令將人證卷宗，提解刑部審訊。始據刑部審明，據實平反。並將該省承審各員，賄囑舞弊各情，逐一究出。此案閻思虎強姦釀命，實屬淫兇，著照例斬監侯、入於本年朝審情實辦理。趙二姑猝遭強暴。捐軀明志，洵屬貞烈可嘉。著禮部照例旌表、已革榆次縣知縣呂錫齡、首先承審。膽敢骫法營私，致釀人命。昏墨欺蒙，情殊可惡。著發往伊犁充當苦差，解任太原府知府沈琮、於所屬知縣、聽從賄囑各情，毫無覺察。及提府親審，又復有心回護，其代慶純等捏敘說單，為消弭刑逼勒結地步，尤屬詭譎。沈琮著革職，發往烏嚕木齊效力贖罪。解任忻州知州慶純、平定州知州賈亮采、未能悉心推鞫，率照和姦取供，意存迎合上司，非尋常失出可比。慶純、賈亮采、俱著革職。發往軍臺效力贖罪。解任太原縣知縣章頌椿、於填寫屍格。跡涉含混，並誤取犯供。實屬無能溺職，章頌椿著即革職。按察使盧元偉、督審重案，所訊各情、均係輕重倒置，種種錯謬，幾成冤獄，盧元偉著即革職。巡撫邱樹棠、以特旨交審之案，不即親提審訊。任聽屬員草率遷就，顢頇入奏，實屬辜恩溺職，即將該撫革職，亦係罪所應得。姑著加恩降為按察使，以觀後效。刑部堂官、及承審此案司員、秉公研鞫。伸雪沈冤，使兇徒不至漏網。辦理尚屬認真，俱著加恩交部議敘。御史梁中靖恭奏得實，著加恩

〔註31〕趙爾巽等撰，楊家駱校：《清史稿》，卷352，列傳139，臺北：鼎文書局，1981年，頁11277。

賞給四品頂帶，仍交部議敘，以示獎勵。〔註32〕

《宣宗成皇帝實錄》對此案的記載更為詳實，審案相關官吏在制案後皆有所發落，遂有民間歌謠「趙二姑，剪子硬，一下戳翻七顆印」的相應而生。寶卷創作者也因此事沸沸揚揚而將其融入寶卷作品之中。

第四節　永續的生命力

寶卷故事經過改編，或本於小說與戲劇，但改編者改編時為了適應聽眾的程度，一定會用當時流行的當地語言和當地的生活習慣來改寫。因此，改編成寶卷後必然帶著濃厚的地方色彩和時代色彩，聽眾固然容易接受，作品被保留下來後，也保留了社會價值與地方風俗，成為有用的史料。

寶卷研究的重點除了整理寶卷與系統分類外，挖掘有生命力的傳統腳本、創作新腳本也是重要的工作，「同時也可以創造新的寶卷來歌頌和反映現代生活」〔註33〕，因為敘述時事故事是寶卷的傳統面貌，而後期寶卷中也有含括時事故事。由於明清的藏書家少有收藏寶卷者，寶卷的抄本多藏於老百姓之手，因此寶卷獲得重視的時間較晚，直到二十世紀二、三十年代，流散在海外的敦煌文獻引發注視，引起俗文學研究者的關注後，寶卷研究才由鄭振鐸等人開始，漸漸成為民間文學研究的重要領域。近年來公開出版的寶卷逐漸增加，投入寶卷研究者也比以往多，在這種情形下，2007 年由張家港市文聯編纂出版的《中國·河陽寶卷集》顯得彌足珍貴〔註34〕。河陽寶卷的價值除了上述幾小節之外，還在於影響了民間歌手創造河陽山歌，河陽山歌中的長山歌代表作是《趙聖關還魂》。張家港地區目前現存《趙聖關》、《聖關還魂》兩種傳抄本，後者為別處未見。因為寶卷的講唱可通宵達旦，接連兩天的也不少，因此影響了長山歌的創作。《趙雲關》山歌流傳於吳語地區較廣，但《聖關還魂》卻只在河陽地區流傳，是當地民歌手受寶卷的影響而加工創作的，是歌頌自由婚姻且情節完整之作。透過宣演、山歌的交叉影響，寶卷

〔註32〕（清）覺羅勒德洪等修纂：《大清宣宗成皇帝實錄》（二），臺北：華文書局，1964 年，卷 69，頁 1258～1259。

〔註33〕李世瑜：《寶卷論集》，臺北：蘭臺出版社，2007 年 12 月，頁 37。

〔註34〕早在 1997 年，虞永良便發表〈河陽寶卷調查報告〉一文（載於《民俗曲藝》第 110 期，1997 年），可知河陽寶卷雖於 2007 年出版，但事前調查與籌備為時已久。

獲得了延續的生命力。雖然人口外移也影響了農村人口流失導致願意學宣卷的年輕人變少,但以文化遺產的形式獲得官方保護與學界重視的寶卷文學都可能重獲生機。如《香山寶卷》從宋代觀音菩薩佛教故事發展至今,仍在各地以不同的方言宣唱,觀音菩薩由普渡慈航的神明特質轉變成如「三公主」的孝順特質,展現寶卷的生命力可以因應時代做不同變化。

有清及近現代的民間宣卷和寶卷是宋元以來佛教和明清民間教派寶卷的繼承和發展。民間寶卷在明末清初已經出現,主要是文學故事寶卷。其流行的區域,在北方,以河北、山西、山東為傳播中心,向西流傳至甘肅河西走廊地區;在南方,主要是江浙吳方言區。河陽寶卷正是南方宣卷的代表,由中國官方首次正式出版《中國・河陽寶卷集》可看出其重要性。一般民間宣卷的演出都在節日吉慶、祈福禳災或祭祀祖先等民俗文化活動中進行,宣演時寶卷藝人多用當地的吳方言講經,連為數不少的寶卷抄本都是用吳方言寫成。吳方言習慣上稱吳語,通行於江蘇南部、上海、浙江、江西東北部、福建西北部和安徽南部等區域。吳語區的方言也隨著不同的地區略有所差,河陽寶卷中所指的吳方言是張家港、蘇州、常熟、上海一帶的方言。寶卷中所用的方言絕大部份還活在當地人民的口中,因此有豐富的表達效果。在《中國・河陽寶卷集》的編纂過程中,非常重視吳方言的注釋工作,總共提供了方言詞語、俗語注釋共七百四十九條,為閱讀者帶來方便,也為研究者提供了語言研究的資訊。

寶卷雖然重點在宣揚教義與勸善,但並非連篇累牘的乾癟說教,表演的形式是廣大民眾所樂見的,藝術手法也相當具有感染力。寶卷全卷多數以韻文為主,散文為輔,並以七言開經偈、焚香贊和收經偈作為開頭和結尾。散文主要起說白作用,故事內文中間韻散相雜,也採用歌謠如五更調、打蓮花落等說唱詞或穿插民間曲牌。從體裁上看,它吸收了俗講、變文和民間戲曲、說唱藝術的表現形式,語言通俗明快易懂,有較強的藝術感染力,形成了獨具特色的寶卷文學。

1950 年 12 月,在中國建國初期,田漢在全國戲曲工作會議上報告《為愛國主義的人民新戲曲而奮鬥》一文中,呼告眾人「審查舊戲時應注意迷信與神話的區別,因不少的神話都是古代人民對於自然現象之天真幻想,或對舊社會的抗議和對理想世界的追求。這種神話是對新社會不但無害而且有益的」,他認為民間傳說類的文學作品一種不易模仿而容易破壞的人類幼年時代

的美,修改此類劇本也應注意,不要輕易加以破壞。以田漢對戲劇的觀點來
看寶卷的發展也可說得通,在政府眼中迷信的宣演活動,隨著時代的開化,
以自身價值證明了不可被抹煞的美。中國傳統文學與學術思雖然是以雅文
學、帝王賢哲為主流,但真正組成整個中國文化的分子卻是大多數的平民百
姓。因此,他們的信仰、文化、思想與追求的目標,更應該受到學界的重
視,同樣地寶卷也具備這樣的特質,研究寶卷正是一個瞭解平民百姓信仰娛
樂的好方法。對張家港地區的人民而言,長期以來的民間信仰活動成了國家
保護的文化資產是莫大的肯定。更因為寶卷相關的文史工作者努力奔走,使
得一波波的田野調查報告都得以被匯整至張家港市圖書館的非物質文化遺產
普查報告。

楊氏南宅

恬庄橋(城隍廟由此去)

恬庄城隍廟遺址

榜眼府

　　現在各地遺存的民間寶卷演唱活動和寶卷尚缺乏認真的田野調查。
五十年代學者搶救而得以保存下來寶卷和當代陸續發現蘊藏於民
間的寶卷,數量相當大。民俗學家對各地寶卷演唱活動的田野調查

　　大有作為，對各種內容不同的寶卷，如觀音故事、目連故事、財神
　　故事、灶神故事、「延壽」故事、地獄信仰寶卷和改編傳統民間故事
　　和俗文學故事的寶卷，都可以做專題的研究。〔註35〕

寶卷的特徵與主題思想都很明確，但寶卷在中國大陸很長一段時間都被視為
「封建迷信」的產物，因此礙於現實的禁錮，大陸的很多寶卷研究都被受
限，故台灣地區的研究者應該有更多可以發揮的空間。現在的河陽寶卷在民
間文化方面的價值與貢獻，透過論文已經有所論及，多部仍在宣演的寶卷透
過整理，作為文學讀物出版，已經超越當初高國藩先生所言「這是一套研究
用書」的說法，對繼承民間文化遺產和豐富民間精神文化生活也有特殊意義
與貢獻。

〔註35〕車錫倫：〈中國寶卷新論〉，《民間信仰與民間文學：車錫倫自選集》，臺北：
　　　　博揚文化事業出版，2009 年 7 月，頁 48。

參考書目

一、專書

1. （元）陶宗儀：《南村輟耕錄》，臺北：木鐸出版社，1982 年 5 月。

2. （明）吳承恩：《西遊記》，臺北：三誠堂出版社，2000 年 4 月。

3. （明）抱甕老人：《今古奇觀》，臺北：三民出版社，1999 年 1 月。

4. （明）洪楩編：《清平山堂話本》，臺北：世界書局，1958 年 10 月。

5. （明）凌濛初著；陳邇冬，郭雋杰校註：《初刻拍案驚奇》，臺北市：光復書局，1998 年。

6. （明）許仲琳：《封神演義》，臺北：臺灣古籍出版社，2005 年 9 月。

7. （明）陸人龍：《型世言》第二十八回，江蘇：江蘇古籍出版社，1993 年。

8. （明）湯顯祖撰：《湯顯祖集》，臺北：宏氏出版社，1975 年。

9. （明）蘭陵笑笑生：《金瓶梅》，臺北：臺灣古籍出版社，2006 年。

10. （清）趙爾巽等撰，楊家駱校：《清史稿》，臺北：鼎文書局，1981 年。

11. （清）覺羅勒德洪等修纂：《大清宣宗成皇帝實錄》（二），臺北：華文書局，1964 年。

12. 丁世良、趙放主編：《中國地方志民俗資料匯編》，北京：書目文獻出版社，1989～1997 年。

13. 中國宗教歷史文獻集成委員會：《民間寶卷》，合肥：黃山書社，2005 年。

14. 方步和:《河西寶卷真本校注研研究》,甘肅:蘭州大學出版社,1992 年 7 月。

15. 方步和編著:《河西寶卷真本校注研究》,蘭州:蘭州大學出版社,1999 年 8 月。

16. 王見川、林萬傳編:《明清民間宗教經卷文獻》,臺北:新文豐出版社,1999 年。

17. 王見川:《清民間宗教經卷文獻》,臺北:新文豐出版公司,1999 年 10 月。

18. 王見川等編:《明清民間宗教經卷文獻續編》,臺北:新文豐出版社,2006 年。

19. 王秋桂編:《中國民間傳說論集》,臺北:聯經出版事業公司,1980 年 8 月。

20. 王漢民:《道教神仙戲曲研究》,北京:人民文學出版社,2007 年 2 月。

21. 《古本小說集成》,上海:上海古籍出版社,1994 年。

22. 皮慶生:《宋代民眾祠神信仰研究》,上海:上海古籍出版社,2008 年 10 月。

23. 刑莉:《觀音信仰》,臺北:漢揚出版社,1995 年 11 月。

24. 吳光正:《八仙故事系統考論──內丹道宗教神話的建構及其流變》,北京:中華書局,2006 年 8 月。

25. 呂威:《華夏諸神‧財神卷》,臺北:雲龍出版社,1999 年 7 月。

26. 宋怡明編:《明清福建五帝信仰資料彙編》,香港:香港科技大學華南研究中心,2006 年 7 月。

27. 李世偉:《中共與民間文化》,臺北:知書房出版社,1996 年 6 月。

28. 李世瑜:《寶卷論集》,臺北:蘭臺出版社,2007 年 12 月。

29. 李利安:《觀音信仰的淵源與傳播》,北京:宗教文化出版社,2008 年 6 月。

30. 李喬:《中國行業神崇拜》,臺北:雲龍出版社,1996 年 1 月。

31. 李豫等著:《山西介休寶卷說唱文學》,北京:社會科學文獻出版社,2010 年 4 月。

32. 李豐楙、朱榮貴主編:《儀式、廟會與社區:道教、民間信仰與民間文

化》，臺北：中央研究院中國文哲所，2006 年。

33. 車錫倫：《中國寶卷研究論集》，臺北：學海出版社，1997 年 5 月。

34. 車錫倫：《中國寶卷研究論集》，臺北：學海出版社，1997 年 5 月。

35. 車錫倫：《中國寶卷總目》，北京：中華書局，2000 年 6 月。

36. 車錫倫：《中國寶卷總目》，北京燕山出版社，2000 年 5 月。

37. 車錫倫：《信仰、教化、娛樂——中國寶卷研究及其他》，臺北：臺灣學生書局，2002 年 12 月。

38. 車錫倫：《俗文學叢考》，臺北：學海出版社，1995 年 6 月。

39. 周秋良：《觀音故事與觀音信仰研究：以俗文學為中心》，廣州：廣東高等教育出版社，2009 年 6 月。

40. 明文書局編：《孟姜女萬里尋夫集》，臺北：明文書局，1981 年 12 月。

41. 路工編：《梁祝故事說唱集》，臺北：明文書局，1981 年 12 月。

42. 明文書局編：《董永沈香合集》，臺北：明文書局，1981 年 12 月。

43. 林國平：《閩台民間信仰源流》，福建：人民出版社，2003 年 7 月。

44. 花蓮教育大學民間文學研究所編：《2006 民俗暨民間文學學術研討會論文集》，臺北：文津出版社，2006 年 7 月。

45. 南炳文：《佛道秘密宗教與明代社會》，天津：天津古籍出版社，2001 年 8 月。

46. 段平：《河西寶卷的調查研究》，甘肅：蘭州大學出版社，1992 年 11 月。

47. 段平纂輯：《河西寶卷選》，臺北：新文豐出版公司，1992 年 3 月。

48. 段平纂輯：《河西寶卷續選》，臺北：新文豐出版公司，1994 年 12 月。

49. 段寶林編：《中國民間文藝學概要》，澳門：澳門大學出版，1998 年。

50. 洪淑苓：《牛郎織女研究》，臺北：臺灣學生書局，1988 年 10 月。

51. 胡士瑩：《彈詞寶卷書目》，上海：古籍出版社，1984 年 6 月。

52. 范正義、黃永鋒：《民俗八神——揚善止惡的象徵》，北京：宗教文化出版社，2009 年 7 月。

53. 馬西沙、韓秉方：《中國民間宗教史》，北京：中國社會科學出版社，2004 年 8 月。

54. 馬書田：《中國道神》，北京：團結出版社，2006 年 1 月。

55. 馬書田：《華夏諸神》，北京：燕山出版社，1990 年 2 月。

56. 高國藩：《中國民間文學》，臺北：臺灣學生書局，1995 年 9 月。

57. 高國藩主編：《河陽寶卷》，上海：上海文化出版社，2007 年 10 月。

58. 高梧：《文昌信仰習俗研究》，四川：巴蜀書社，2008 年 1 月。

59. 張希舜等編：《寶卷初集》，太原：山西人民出版社，1994 年 10 月。

60. 梁一波主編：《張家港傳說》，江蘇：鳳凰出版社，2008 年 10 月。

61. 郭立誠：《中國藝文與民俗》，臺北：漢光文化事業公司，1984 年。

62. 陳江：《明代中後期的江南社會與社會生活》，上海：上海社會科學院出版社，2006 年 4 月。

63. 陳慶浩、王秋桂主編：《陝西民間故事集》，臺北：遠流出版公司，1989 年，為《中國民間故事全集》第 27 集。

64. 陳器文：《玄武神話、傳說與信仰》，高雄：麗文文化，2001 年 9 月。

65. 陸永峰、車錫倫：《靖江寶卷研究》，北京：社會科學文獻出版社，2008 年 9 月。

66. 喻松青：《民間秘密宗教經卷研究》，臺北：聯經出版社，1994 年 9 月。

67. 賀學君：《中國四大傳說》，浙江：浙江教育出版社，1995 年 3 月。

68. 馮佐哲、李富華：《中國民間宗教史》，臺北：文津出版社，1994 年 4 月。

69. 裘蒂光：《信仰‧母題‧敘事：中國古典小說新探索》，北京：中國社會科學出版社，2007 年 12 月。

70. 赫志清：《幽暗的力量——古代秘密結社》，臺北：萬卷樓出版，1999 年 10 月。

71. 劉仲宇：《中國民間信仰與道教》，臺北：三民出版社，2003 年 3 月。

72. 劉守華：《道教與中國民間文學》，臺北：文出版社，1991 年 12 月。

73. 劉黎明：《中國古代民間密宗信仰研究》，成都：巴蜀書社，2010 年 1 月。

74. 蔡利民：《蘇州民俗》，江蘇：蘇州大學出版社，2000 年 8 月。

75. 鄭志明：《中國神話與儀式》，臺北：文津出版社，2009 年 8 月。

76. 鄭志明：《無生老母信仰淵源》，臺北：文史哲出版社，1985 年。

77. 鄭志明：《臺灣宗教的發展與變遷》，臺北：文津出版社，2011 年 2 月。

78. 鄭振鐸：《中國俗文學史》，臺北：臺灣商務印書館，1999 年 4 月。

79. 鄭振鐸：《鄭振鐸古典文學論文集》，上海：上海古籍出版社，2009 年 4 月。

80. 黎志添福：《道教與民間宗教研究論集》，臺北：樂學書局，1999 年 1 月。

81. 蕭登福：《敦煌俗文學論叢》，臺北：商卻書館，1998 年。

82. 蕭登福：《道佛十王地獄說》，臺北：新文豐出版社，1996 年 9 月。

83. 韓明士（Robert Hymes）著，皮慶生譯：《道與庶道：宋代以來的道教、民間信仰和神靈模式》，南京：江蘇人民出版社，2007 年 7 月。

84. 韓秉方：《道教與民俗》，臺北：文津出版社，1997 年 5 月。

85. 譚達先：《中國四大傳說新論》，臺北：貫雅文化事業有限公司，1993 年 6 月。

86. 譚達先：《論中國民間文學》，哈爾濱：黑龍江人民出版社，2003 年 10 月。

87. 關家錚：《二十世紀俗文學周刊總目》，山東：齊魯書社，2007 年 1 月。

二、期刊論文

1. 丁肇琴：〈華山民間傳說初探〉，《大同大學通識教育年報》，2009 年第六期，頁 27～56。

2. 于長敏：〈日本牛郎織女傳說與中國原型的比較〉，《民間文學論壇》，1998 年第 2 期，頁 18～22。

3. 王秋桂：〈二郎神傳說補考〉，《民俗曲藝》，1983 年第 22 期，頁 1～26。

4. 呂大安：〈《中國·河陽寶卷集》編輯彙報〉，《東亞文化研究》第十輯，香港：東亞文化出版社，2008 年 4 月，頁 420～426。

5. 李麗丹：〈「三言」異類婚故事研究——兼論民間文學與作家文學的關係〉，《民俗研究》，2006 年第 4 期。

6. 李麗丹：〈源同形異說差別：漢川善書與寶卷之比較〉，《湖北民族學院學報》（哲學社會科學版），2006 年第 6 期。

7. 肖遠平：〈壯族民間故事中的雷神形象及其文化解讀〉，《時代文學》，2009 年第 15 期。

8. 車錫倫、周正良：〈驅蝗神劉猛將的來歷和流變〉，《中國民間文化》，

1992 年第 1 期。

9. 車錫倫：〈中國寶卷新論〉，《東亞人文》，學林出版社，2008 年。

10. 車錫倫：〈明代的佛教寶卷〉，《民俗研究》，濟南，2005 年第 1 期。

11. 胡安蓮：〈牛郎織女神話傳說的流變及其文化意義〉，《許昌師專學報》，
2001 年第 1 期，頁 74～76。

12. 苑利：〈曬龍王祈雨儀式研究〉，《民間文化》，2001 年第 1 期。

13. 馬西沙：〈寶卷與道教的煉養思想〉，《民間宗教研究》，1994 年第 3 期，
頁 63～73。

14. 高國藩：〈《中國‧河陽寶卷集》序〉，《東亞文化研究》第九輯，香港：
東亞文化出版社，2007 年 8 月，頁 368～375。

15. 高國藩：〈從《寶卷論》談到《中國‧河陽寶卷集》的歷史軌跡〉，《東亞
文化研究》第九輯，香港：東亞文化出版社，2007 年 8 月，頁 376～382。

16. 張政烺：〈《封神演義》漫談〉，《世界宗教研究》，1982 年第 4 期。

17. 陳小林：〈《封神演義》楊覺形象淵源論略〉，《明清小說研究〉。

18. 陳宏：〈《二郎寶卷》與小說《西遊記》系考〉，《甘肅社會科學》，2014 年
第 2 期。

19. 虞永良：〈河陽寶卷調查報告〉，《民俗曲藝》，1997 年第 110 期，頁 57～
37。

20. 劉枝萬：〈雷神信仰と雷法の展開〉，《東方宗教》，1986 年第 67 期，頁
1～21。

21. 潘建國：〈馬廉的藏書及其小說研究〉，《文學遺產》網絡版，2011 年第 1
期。

22. 盧光綿：〈寶卷在中國文學史中的地位〉，《故宮學術季刊》，2000 年第 17
卷第 3 期，頁 23～33。

23. 鍾宗憲：〈中國雷神形象〉，《輔大中研所學刊》，1997 年第 7 期，頁 335
～377。

24. 韓秉方：〈觀世音信仰與妙善的傳說——兼及我國最早的一部寶卷《香
山寶卷》的誕生〉，《世界宗教研究》，2004 年第 2 期，頁 54～61。

25. 邊緣人（劉錫誠）：〈寶卷研究的重要成果——讀《中國寶卷總目》《中國
寶卷研究論集》〉，《民俗研究》，2001 年第 2 期。

三、學位論文

1. 方鄉伯：《明清寶卷中的觀音故事研究》，國立花蓮師範學院民間文學研究所碩士論文，2002 年。

2. 王正婷：《變文與寶卷關係之研究》，國立中正大學中國文學系研究所碩士論文，1998 年。

3. 江亞玉：《二郎神傳說》，東海大學中國文學研究所碩士論文，1987 年。

4. 李瓊雲：《沉香故事研究》，國立中央大學中國文學研究所碩士論文，1993 年。

5. 林姍妏：《三教開迷歸正演義研究》，中國文化大學中國文學研究所博士論文，2001 年。

6. 張秀娟：《寶卷中的四大民間故事研究》，國立東華大學民間文學研究所博士論文，2010 年。

7. 陳兆南：《宣講及其唱本研究》，中國文化大學中國文學研究所博士論文，1992 年。

8. 陳桂香：《婦女修行故事寶卷研究》，國立中正大學中國文學所碩士論文，2007 年。

9. 陳瑤清：《近代十王信仰之研究──以《玉曆寶鈔》為探討中心》，國立花蓮師範學院民間文學研究所碩士論文，2003 年。

10. 陳霞：《道教勸善書研究》，儒釋道博士論文叢書，四川：巴蜀書社，1999 年 9 月。

11. 曾子良：《寶卷之研究》，國立政治大學中國文學研究所碩士論文，1975 年。

12. 曾友志：《寶卷故事之研究》，中國文化大學中國文學研究所碩士論文，1999 年。

13. 鄭志明：《明代羅祖五部六冊宗教寶卷思想研究》，國立臺灣師範大學中國文學研究所碩士論文，1985 年。

附　錄

一、《白蛇卷》

　　高國藩有《金山寶卷》上下，所發表的〈論新發現的金山寶卷抄本在白蛇傳研究中的價值〉一文，對《金山寶卷》有極高的評價。由高國藩的文章中可以判斷，他私人所藏的版本情節應與《民間寶卷》所收的《雷峰塔寶卷》及《金山卷》雷同。但《金山寶卷》並未收入於河陽寶卷之中，但不表示河陽地區沒有白蛇故事寶卷。筆者前往張家港地區田野調查期間，就發現有藝人私藏的寶卷中便有《白蛇卷》，卷末只寫「在辛巳年菊月彭城氏塗抄」。無法判斷何人所抄，但抄本保持完善，因此筆者列於附錄，在此一併列入研究之中。此版本《白蛇卷》與現存的各版本白蛇故事寶卷都有極大的不同，應屬河陽寶卷中的稀見寶卷。

　　　　白蛇寶卷初展開，諸佛神聖降臨來。

　　　　大眾虔誠彌陀念，增福延壽免三災。

卻說我國四川省有座大山名叫峨嵋山。此山的山勢十分雄偉，高有三千六多米，長有六十裏。山上氣候十分寒冷，六月炎天還要著穿棉衣。雪花，滴水成冰，森林之中野獸成群，看不到人跡來往是也。

　　　　四川一座峨帽山，山勢雄偉路艱難。

　　　　山頂之上做寒冷，終年不得見太陽。

卻說峨嵋山上有一個幽靜的白雲洞。洞中盤據著一條白蛇，十餘年來，從勿傷害生靈，專心修煉。白天拜太陽，夜裡拜月亮，經過千年修練之後，終於修成了能變人形。有一天，白蛇在山上舞劍，忽見白雲升起，伴有仙樂之聲，上

前一看，有位道姑盤坐在書中，白蛇連忙上前跪拜，口稱師傅，救救小蛇。那蕊芝仙姑聞聽，張眼一看是條白蛇，看他一片誠心，即收他為徒弟。傳授他呼風喚雨，移山倒海之术，又教他三十六變，從此白蛇神通廣大，法力高強是也。

> 白蛇投拜蕊芝仙，專心學道在山間。
> 呼風喚雨能辦到，移山倒海法無邊。
> 師傅誠心來指點，白蛇專煉不遲延。
> 學會三十六變化，法力高強女妖仙。

乃白蛇在蕊芝仙姑的培育下，學會了許多法術，十分高興。有一天，白蛇在一塊大石頭上練習，忽然來了個青衣小姑娘，白蛇便大喝一聲，誰家女子前來偷看，乃姑娘連忙上前說道：「大姐不要動怒，小女和你一樣，我在西山青貞洞裡修煉七百多年，早已知道大姐在白雲洞中修道，又拜了蕊芝仙姑為師，學了一身好本領。我想和你結拜為姐妹，跟你學點法術，未知你意下如何？」白蛇聽了知他是小青蛇，就一口答應。兩人遂即撮土為香，拜告天地，義結金蘭，成了生死姐妹是也。

> 冷血動物兩條蛇，結成生死姐妹同。
> 拜告已畢回洞府，白蛇備酒待青蛇。
> 從此兩人常來往，共同修煉在山中。
> 光陰迅速來得快，不覺又過四百多。

再說白蛇與青蛇，兩人在白雲洞中勤修苦煉，終於修成隨心變化，能變高山、河海、森林、房屋、橋亭、船隻、男女、老小，變得像真一樣，誰也看不出來。二人十分高興，白蛇對青蛇說：「賢妹，我們修到這點本領，應該心滿意足。賢妹趁此春光明月，到半山去看山景，青蛇答應。兩人立即駕雲，向半山而來采雲，觀山下風光是也。

> 姐妹二人在中峰，觀看景色興致濃。
> 萬物青青春色好，桃紅柳綠送香風。
> 蜜蜂來往花心採，蝴蝶雙雙歇花中。
> 二人正在看景色，忽聽鑼鼓嚮咚咚。
> 回過頭來一細看，人山人海像浪湧。
> 原來成都神仙會，男女焚香保安寧。

卻說四川成都有個風俗，每年四月十四，純陽生日，各地都要舉行集會，祈

保平安。故此十分熱鬧，青年男女在林園涼亭，談情說愛，十分快樂。

　　　二條蛇妖看得清，看到凡間男女情。

　　　說有有笑談戀愛，難以形容內中情。

小青蛇開口說道：「姐姐，我俚修道之人，整天住在荒山野林，人也看不見一個，天天誦經拜佛，一點逍遙都沒有。我不望成啥仙、得啥道，只想下山去，逍遙玩個痛快，青蛇說出內心話，白蛇覺得青蛇同我一樣想法，便說道：『賢妹我倆還是好好修煉道恒，不要瞎想是也。』」

　　　青蛇聞言火直噴，叫聲姐姐聽知聞。

　　　只要姐姐願意去，小妹陪你一同行。

當時白蛇便說：「賢妹，我常聽師傅講，人間榮華，修仙之人不能享受。如果小妹要去，我去稟告師傅。得到師傅同意，我俚便下山去遊玩。」

　　　青蛇當時說分明，姐姐何必欠聰明。

　　　師傅面前不必說，悄悄出去俏俏回。

　　　姐姐變個女千金，妹妹變個小傭人。

　　　混在人間誰人曉，玩賞一番回山林。

再說，白蛇聽了覺得有理，如果告訴師傅，一定勿肯答應。賢妹說去就去，趁此月夜趕快下山，到了下面，二人隨即變成人形。

　　　兩人計議在山中，隨即動身下山林。

　　　來到下面山坡上，變成主婢兩個人。

　　　一個身穿乳白色，一個天藍色青青。

　　　白素貞三字小姐名，婢女青衣叫小青。

卻說，青白兩蛇變成一對主婢。下山行走，忽聽山澗中唱歌聲音，素貞抬頭一看原來是個樵夫，從山上下來，肩桃柴擔，嘴裡唱著山歌。

　　　上有天堂神仙境，下有蘇杭錦繡城。

　　　有道神仙走天堂，有福之人玩蘇杭。

白素貞與小青聽了，一笑說道：「據樵夫所唱之歌，人間最美最好地方，算是蘇州、杭州；既然如此，我們就去杭州遊玩，說罷。二人駕雲而去。」

　　　兩妖駕雲在空中，離開四川到山東。

　　　江南飄然飛翔過，下面已經是杭州。

卻說，素貞及小青到了杭州，天還勿亮，望下一看，果然山青水秀，風景美麗。然後二人按落雲頭，落在飛來峰上。白素貞說道：「賢妹，我便下山去吧。

但要注意防止被人看破是也。」

　　　　小青挽了白素貞，輕移蓮步下山奔。

　　　　先到靈隱看一看，穿出竹林向前奔。

　　　　遊了九溪十八洞，龍井虎跑看仔真。

　　　　信步走到蘇堤上，六條橋上隨意奔。

　　　　看到勝景不少，人間要比天堂好。

　　　　一枝楊柳隔枝桃，西湖景色更美妙。

白素貞和小青跟著一些遊客，來到一個水陸交接地方，那裡有花園、亭閣、靠河邊有寶淑塔、雷峰塔，十分美觀。素貞看得非常高興，忽見人群中有一個眉清目秀的青年，素貞暗想世間之上那能有這樣標緻的美男人。

　　　　千年修煉白蛇精，見一美男動凡心。

　　　　見他生得多美貌，真是我的心愛人。

卻說，小青看出了白蛇心思，便說：「姐姐想點啥？素貞聽了面孔緋紅，輕輕說道：『妹妹，你我既然下山，不單遊玩，風景最好能在人間生活。』」小青聽了滿心歡喜，便跟隨著這位青年。那個青年獨自一人到放鶴亭上觀看湖景，後來向斷橋而去，素貞恐怕青年離開，不好搭話；忽地，念動真言，即刻烏雲密佈，下起雨來，遊客四處奔走，那個青年帶有雨傘，撐了雨傘，走向湖邊叫了一隻小船是也。

　　　　青年叫船在湖邊，素貞見了想計謀。

　　　　吩咐小青上前去，同乘小船共付錢。

再說，小青來到船邊，向船夫說道：「請你照顧，讓我俚搭乘，小船之錢照算。」船夫道：「船已被人所包，我不好作主。」小青聽了，連忙向青年行了一禮，說道：「相公，能否行個方便，讓我俚同乘寶船？」那青年看到他們落得滿身是水，便點頭答應。說道：「不知兩位小姐要到那裡去？」小青即忙回答：「到清波門外去。」青年道：「那就上船來罷。」

　　　　小青聽了喜歡心，挽好小姐下船行。

　　　　來到中艙身坐定，青年讓位船頭行。

那位青年，看他們像大富閨女，請他們到中艙裡坐，自己坐在船頭之上，手中撐了雨傘，白素貞對小青說：「叫相公到艙裡坐。」小青便開口道：「相公請到艙內來坐，船頭之上風大、又下雨。」船夫也道：「客人快進艙來坐，因船小風大又危險。」那青年只好進艙坐定，船夫邊搖船，邊唱山歌。

西湖最愛四月天，斜風細雨送客回。

千世修來同舟渡，百世修來共枕眠。

那白素貞聽了山歌，觸動了心，即忙開口問：「青年相公有居何處？尊姓大名？」青年道：小姐呀

我住杭州錢塘門，姓許名仙字漢文。

父母雙雙都亡故，孤苦伶丁一個人。

多虧胞姐來撫養，住在姐處長成人。

藥材店裡當夥計，今日清明去上墳。

卻說，許仙將自己的情況講了一遍，覺得慚愧。素貞聽了，暗想他還沒有妻子，就對許仙說，想不到你也是孤苦之人。許仙聽了，又見小姐眼睛發紅，對許仙說，我有一言相告是也：

奴住四川樂山城，白遠芳是奴老父身。

官居處州總鎮職，不幸戰死在沙場。

母親憂悶成毛病，不到半年歸陰死。

奴奴今年十九歲，名字就叫白素貞。

今日也是來上墳，不料大雨落傾盆。

幸虧相公來照應，搭乘寶船到家門。

那時，白素貞同許仙正在談話，忽聽船夫叫喊：「客人，清波到了。」許仙看了看素貞，船已靠岸。白素貞無法只得上岸，同許仙告辭。小青說：「小姐，天還在落雨，怎麼辦？」許仙聽了，連忙對小姐說：「此傘拿去遮遮雨罷！」白素貞說道：「多謝相公，明天我叫婢女小青送來。」許仙心想，我姐夫家裡窮，若被小青看見，豈不要見笑？連忙說：「小姐，明天我親自來拿罷！」白素貞說道：「既然如此，明日相公一定要來。」許仙答應，告別回家。

小青挽了白素貞，輕移小步趕路程。

清波門外兜一轉，發現破落廳堂門。

前有二棵盤槐樹，環境幽靜美十分。

素貞口念真言咒，破廳堂變成大牆門。

白素貞將破廳堂變成一座高大房屋，像官宦之家，等候許仙。不提。再說，許仙回家，落得滿身是水，到了家中將上衣服換好，回到房裡休息。那知當夜勿曾，睏著一到天亮，急忙起身到藥材店裡工作，直到歇工。回到家中，對姐姐說：「我要到城裡去探望朋友，說罷，動身往清波而來。不多時間，忽見一

座高大房屋，要想問訊，不能進去正要想跑，聽到軋軋之聲，大門開了，唬得許仙出轉身來就跑，小青高聲喊叫：「許相公怎麼來了就跑？快快進來。」許仙回頭一看原來是婢女小青是也。

　　小青微笑相公稱，快快跟我進牆門。
　　小姐在樓等待你，叫我前來接進門。

許仙跟只小青進門，穿過走廊，來到樓上，抬頭一看，只見白小姐滿面笑容，前來迎接，說道：「許相公是個信意君子。」弄得許仙說不像話。白小姐姐吩咐小青備酒款待，表示謝意。

　　小姐許仙在樓臺，小青酒菜端上來。
　　兩人對面來坐定，小青把酒倒起來。

卻說，許仙心情興奮都吃幾杯，已醉倒在地上昏昏睡。著耳聽鼓敲二更，驚醒從地上起來說道：「天已不早，我要回去。」小青說道：「相公何必要回去？你看這住的地方好不好？」許仙說：「太好了，到底是官宦之家，比起我貧苦之人大不相同。」小青又問：「不知相公可曾訂過婚事？」許仙回言：「家道貧寒，沒有訂親。」

　　小青聽了笑盈盈，叫聲相公聽原因。
　　我家小姐女千金，孤單獨自一個人。
　　上無兄弟下無妹，父母雙亡實傷心。
　　欲想招夫管家務，怎奈找到心意人。
　　今見相公人忠厚，願結秦晉百年姻。
　　小青今日做媒人，美滿姻緣那裡尋。

許仙聽了，心中歡喜，面上不能答應，便說：「青姐，婚姻大事，我要回去告訴姐夫、姐姐，然後再揀日成親。」小青道：「相公，現在時間三更多，你不要回去了。況且，姐夫、姐姐有不是父母，說與不說也無啥關係，成了親再告訴也不晚。再說，你不是小孩，難道不能作主？」許仙聽了覺得有理應該成親，想到這裡便道：「憑你青姐作主，不知小姐是否滿意？」小青道：「但我前去問來是也。」

　　小青走進內房門，說明今晚結成婚。
　　素貞聽了心歡喜，謝你賢妹做媒人。
　　連忙要緊來打扮，滿頭珠翠做新人。
　　趁此良宵天地拜，春宵一刻值千金。

卻說，小青把天地二個大紅喜字，供在中堂。就拉著白素貞和許仙，叫他們
參拜天地，小青將自己腰裡一根紅絲帶解下來，中間挽了個同心結，便叫許
仙、素貞各牽一頭，送入洞房便了。

　　千里姻緣一線牽，傘兜低攎並蒂蓮。

　　今夜西湖春如海，願作鴛鴦不羨仙。

許仙同素貞成親之後，心中歡喜，各各安睡。再說，白素貞等許仙睏著後，就
走出房門，來到小青房裡，說道：「賢妹，多謝你成全了我們一對，感恩不盡。
但有一大事須要賢妹幫忙。」小青便問：「啥個大事？」素貞道：「我和許仙成
婚後，少筆費用開支。況且，許仙是個窮人，沒有積蓄，想請妹妹去借些銀子
前來，才好。

　　小青聞言笑一聲，姐姐最會捉弄人。

　　你會善變天罡術，金山銀山能變成。

乃時，素貞說道：「妹妹，你要知道一個，住在一個地方，須要誠實才能立牢
腳頭，如果變了假銀，使用就會出事，來請妹妹幫幫忙罷！

　　小青聽了笑盈盈，原來叫我盜金銀。

　　趁此夜晚月色好，馬上就去盜花銀。

　　將身一蹤騰空去，停住雲頭看分明。

　　素貞即刻回房去，倍同在床喜歡心。

卻說，小青在雲端，向四面一看，見錢塘縣有間庫房，可牆壁堅固，鐵門上
鎖，不能進去。小青就施出法術，用手望牆頭一指，頓時現出個洞來，小青鑽
進洞去，順手一摸，摸著只箱子，打開一看，有元寶六十隻。小青將箱子抱在
懷中，鑽出洞來，用手再一指，將洞鋪沒。然後駕雲回轉，睡覺第二天，一早
將箱子交給素貞，打開一看內有六十隻元寶，連忙謝了小青之恩。

　　許仙當夜結成親，夫妻恩愛喜歡心。

　　一覺睏到天明亮，太陽光照耀眼睛。

許仙急忙起身，著好衣服，要到藥材店裡去上工。被素貞拉住說道：「官人，
現在搭我成了夫妻，應該想個長久之法，你到藥材店替人家當夥計，不如自
己獨自開藥店，既好有自由。」

　　許仙當時說分明，賢妻在上聽原因。

　　我是一個貧苦人，姐夫屋裡當家庭。

　　人家店裡當夥計，一年賺個十兩銀。

如若晚到生毛病，要扣工錢勿付銀。

一年衣食勉空用，故此不敢討女人。

娘子叫我自開店，那有盤費金和銀。

許仙說道：「娘子，我手裡無錢，勿想發跡。」素真道：「官人放心，我家父親遺下萬金，你今天晚上早點回來，我俚商議、商議。」許仙答應告辭。娘了到店裡上班，素真道：「官人，你身邊帶二隻元寶去。」連忙拿出二隻元寶交給許仙，許仙心想：「我做十年，才能得到二隻元寶。今日好不容易得到許多銀子，是佛天保佑。」

許仙接銀喜歡心，娘子真是大富人。

我是今朝交好運，碰著這位貴千金。

從今可以基業創，榮宗耀祖顯門庭。

許仙一路心花放，不覺藥店到來臨。

許仙進店上班，直到歇工回家，看見姐姐，便將西湖遇著姑娘，同乘船隻當夜成親之事，告訴姐姐。還說：「娘子送我銀子一百兩，叫我自己開店發家。姐姐聽了，十分歡喜。許仙便將二隻元寶交給姐姐。所以姐姐接著銀子十分相信。

姐姐見銀喜十分，連稱弟弟福氣人。

總算苦頭勿白吃，顯耀門庭都靠你。

姐弟二人真在談話之時，看見姐夫氣沖沖進來，看見許仙便問：「你昨天不轉到了那裡去？害得我一夜勿睏。」許仙聽了，回答：「我在昨天和同船共乘的姑娘當夜成婚，所以沒有回家。如要不信，娘子送我二隻元寶拿去看看。」

陳彪見銀吃一驚，竟肯相送一百銀。

仔細將銀來觀看，唬得陳彪急煞人。

卻說，姐夫看到元寶上有錢塘縣三個字。今天早晨，縣老爺為了昨夜失竊庫銀三千兩，叫我出去察訪，限我七天捕捉竊賊歸案。

我是捕快一都頭，要忠公事莫遲延。

如此線索莫錯過，正是破案好機會。

且說，陳彪左思右想，報案舅子受罪，不報打碎自己飯碗。只得對許仙說道：「你這挬大的銀子買東西找不開，不如讓我去錢莊換點零碎回來使用。」許仙道：「那你去吧！」可姐夫拿了元寶到衙門，將元寶交給縣官知縣，見是庫銀，便問陳彪那裡來的？陳彪回答：「是我舅子許仙的。」縣官聽了大怒，立

即出票捉拿，陳彪跪地說道：「老爺開恩。我舅子是藥店夥計，早出晚歸，這銀子是個官家之女名叫白素貞送的。」縣官道去捉拿。

　　縣官立即發朱籤，捉拿嫌疑賊許仙。

　　連忙坐堂來審問，許仙一一告知聞。

許仙說道：「青天大老爺，這銀子確是清波門外白小姐相送給我。我不是偷盜庫銀之人，你如不信可以到他家裡一看，便知是也。」

　　不宣許仙牢中登，再說妖女白素貞。

　　派小青只門口等，等候夫君許官人。

　　左等右等不見人，將要日落晚黃昏。

　　來了差官兩個人，便問是否白家門。

乃二位是官，上前便問：「你家是否姓白？」小青道：「正是，有何要事？」公差道：「你們偷了庫銀，老爺要捉拿白素貞。」小青說道：「我裡是官家之女，怎能做偷盜之事？」公差大喝道：「不要糊塗，快叫白素貞出來！」小青道：「等一等，讓我前去稟報。」

　　小青轉身到樓上，將情一一告知聞。

　　來了公差人二個，捉你小姐到公堂。

　　說啥偷盜庫銀子，看來事情難承當。

　　白氏素貞吃一驚，難道夫君在牢房。

白素貞連忙關照，小青將銀子藏開，自己即忙下樓，見了公差，便道：「你們到我家來有啥要事？」公差道：「小姐，我們縣裡失竊庫銀。現捉到一位犯人名叫許仙，他招出此銀是你送給他的。所以老爺要我裡喊你前去質對，清爽是也。」

　　娘娘聽了笑盈盈，兩位公差聽原因。

　　我是官家女千金，怎會做此不正經。

　　莫非老爺來弄錯，害我到是難做人。

　　腰細腳小難移步，偷盜庫銀另有人。

公差便道：「許仙，二隻元寶是那裡來的？」娘娘說道：「因我先父生前在錢塘剿匪有功，是知府賞賜他的。今天我送給丈夫，難道有罪？如果不信，你們可以搜查，如若查出，我當認罪。」小青也道：「要是查到，勿說見官，那怕殺頭我也情願。」二個公差，聽了連忙進去，搜查便了。

　　公差上樓去搜尋，滿屋都翻細細尋。

　　未有庫銀一點影，只得出來求美人。

乃二位公差未曾查到庫銀，連忙求情，請小姐原諒。因奉老爺之命，沒有辦
法，要小姐前去質對。如你不去，我裡要遭受拷打，懇求小姐跟我裡去吧。娘
娘聽後，只得答應。公差忙備小轎一頂，抬了小姐到衙門，臨走關照小青，請
他放心，有點清頭，牢記在心。再說小青，

　　小青作法就動身，駕踏祥雲到衙門。

　　隱身之後細細看，勿曾發覺安定身。

　　進入知縣房裡去，將銀藏進箱櫥門。

　　人不知來鬼不曉，縣官那知半毫分。

再說，縣官夫人在房中梳頭，聽到箱櫥門聲，連忙上前去看，只見櫥中有個
布包，解開一看，全是元寶，一點是五十六隻。夫人大吃一驚，去請官人
進房，老爺看到元寶上有錢塘縣印，叫苦說道：「天呀，怎麼這庫銀在我櫥
中？」夫人哭著說：「如何是好？倘然被上司曉得，全家性命難保。」夫妻兩
人正在著急。忽有衙役來報，說：「白素貞已帶到知縣，吩咐相請師爺到堂
議事」。

　　知縣相請師爺臨，便把事情說分明。

　　請教師爺如何斷，快將辦法說我聽。

　　師爺聞言笑盈盈，老爺請你放寬心。

　　此案正是奇怪事，我有辦法說你聽。

乃師爺說道：「老爺，依我主張，此案勿要宣揚出去。叫大事化小事，小事變
無事，先將許仙定個假盜罪名，發配鎮江，流徒一年，二隻元寶沒收，將白素
貞無罪釋放回家是也。」

　　許仙發配到鎮江，流徒一年勞役當。

　　公差押送前行去，長枷鐵索響丁噹。

兩位解差帶了公文，押著許仙。出衙見白娘娘，許氏、陳彪上來拉住許仙，素
貞眼淚滿面說道：「丈夫只怪我不好，把先父的銀子送你。闖出了這禍殃，害
你受苦。」許仙說道：「娘子勿要難過，這是命裡註定。請你在家好好保重身
體。一年之後，就要回來。」又對姐夫、姐姐道：「家中之事，要你們好好照
顧。」說罷流淚離別是也。

　　公差押只許漢文，不分日夜趕路程。

　　不日已到鎮江地，驛站館裡暫安身。

卻說，公差押送許仙到鎮江。見過驛官，將公文送上，公差回轉不提。再說白娘娘，非常擔心，便同小青商量，要去鎮江照顧官人，就是缺少銀子，要小青幫忙。小青道：「姐姐，放心。我去盜銀，便駕雲而去。行了三千多里，按落雲頭查看，見有一家貪官汙吏，便盜了八千紋銀回轉杭州，交給素貞。娘娘把記號楷清，放進箱子，然後去找姐夫、姐姐商量搬場之事便了，

　　　娘娘含淚說分明，告言姐夫聽原因。

　　　我夫許仙鎮江去，發配流徒受苦辛。

　　　想要搬到鎮江住，照顧丈夫最要緊。

　　　曉得姐夫能同意，還要設去救官人。

姐夫陳彪看到素貞如此請求，即忙回答：「弟媳婦，你放心。鎮江驛官是我老朋友，我來寫封信，請你帶去，他一定能夠照應。」

　　　娘娘吩咐小青青，快去叫船到來臨。

　　　行李物件船上放，順風順水開船行。

　　　不多幾日鎮江到，船到碼頭客店找。

　　　今宵暫且住一夜，明天再把驛官找。

卻說，娘娘、小青來到鎮江樓房。住了一夜，第二天去看可有房子租，在五條巷有所人房想租，便叫小青先把房屋租下，搬了進去，然後買了禮物去送驛官，再拿陳彪書信，送上驛官，答應去找保人。素貞找著王永昌老闆，原是許仙父親朋友，聽到姪子便來把許仙保了出去。

　　　許仙看到白娘娘，驚喜交加口難張。

　　　娘娘細將真情說，許仙頓時喜洋洋。

　　　老婆想得多周到，尋只人來拿我保。

　　　謝謝永昌王老闆，出了驛館往家跑。

許仙心想：「娘子對我一片真情，親自來到鎮江救我，感恩不盡。」不多片刻，已到五條巷新居，娘娘吩咐小青備酒，小青拿出衣服，叫姑爺換好再吃酒，許仙道：「我和娘子永不分離，過著美滿幸福生活，便開懷敞飲。」

　　　許仙開懷飲杯巡，娘娘開口說原因。

　　　叫聲官人休狂飲，為妻有言告君聽。

　　　一為身體頂要緊，二為自己動腦筋。

　　　照此下去怎麼辦，年輕創業最要緊。

白娘娘說道：「夫君，你曾記得為妻在杭州談過創業之事，如要長久打算只有

自己開店。官人，我看還是開爿藥材店，我還懂得醫道，一能開開方子，二能看看毛病。」許仙言道：「開藥材店我是內行，藥行能向天生行購買，就是沒有本鈿。」娘娘道：「官人放心，我七八千兩銀子，足夠有餘。」許仙聽了十分高興，馬上請匠人做放藥材用具，有到大生行採辦藥材，改選良日開業。

　　許仙鎮江藥店開，寶和堂招牌掛起來。

　　辦酒款待眾賓客，人人吃得喜開懷。

寶和堂倩請了幾個夥計，其中有個叫呂小二，起個水臌病，請了不少醫生來看，都說他得個絕症，無法醫好。娘娘替他開張方子，吃了二帖煎藥，肚子惡水瀉清，不到十天，身體恢復。呂小二在外大力宣揚白娘娘百病能治，從此遠近來來求醫買藥，寶和堂生意十分興旺是也。

　　娘娘醫術真高明，藥到病除十分靈。

　　遠遠近近來求治，娘娘從此出了名。

再說三春天氣鎮江地方連續陰雨，起了流行瘟疫。得病之人上吐下瀉，死亡之人很多，白娘為了救人性命，便將自己修煉的金丹配成了一種療疫避疫丹，窮人免費送藥。

　　告示貼在藥店門，頓時哄動鎮江城。

　　病者紛紛來求藥，果然藥到病除根。

鎮江的瘟疫，有寶和堂之藥治療，立即斷根。當地之人，感恩不盡，白娘娘是女神仙。所以驚動了金山寺裡方丈法海，今朝聽到香客贊揚白娘娘是活神仙，便捏指一算，白娘娘原是白蛇化身，就大怒罵道：

　　好個大膽白蛇精，竟敢前來騙凡人。

　　混入人間壞風水，還要施藥惑眾人。

法海認為，娘娘施藥救人，是破壞了佛門威信，決定要拆散他們的婚姻，把許仙落髮為僧，拿白娘娘驅逐出去，趕回峨嵋山。

　　法海惡僧毒計生，要害娘娘白素貞。

　　賊頭賊腦不像人，來到店門開口門。

卻說，法海來到寶和堂門口，望著裡面，小二問：「師父是來化緣，還是買藥？」和尚道：「我來找許仙。」找老闆有啥事？他也不嚮弄得。小二無法，只得告訴許仙，許仙出來說道：「大師，找我何事？」和尚說道：「你就是許仙？」答道：「正是小生許仙。」法海念了聲：阿彌陀佛。

　　貧僧金山一方丈，今有大事告端詳。

此地不是講話地，請到裡面話衷腸。

許仙請法海到客堂，坐定，許仙便問：「大師有何見教？」法海說道：「我來替你看病。」許回答：「小生身體一向康健，並無毛病。」法海道：「你家妖氣迷惑，看你面黃不對，若不早治，你命難保。」

　　許仙聽了笑盈盈，法師正會尋開心。

　　家中清靜很安寧，還加藥店生意興。

　　一天到晚忙不停，生意好只大開心。

　　就是小生有小病，娘子郎中勿擔心。

法海對許仙眼睛一彈，說道：「你娘子妖精，若不早除，你就死在他手裡。」許仙大怒說：「你不要胡言亂語，娘子是個賢德之人，沒有半點害我之心，正是一派胡言，請你走罷。」

　　許仙氣得冒火星，喝罵和尚不該因。

　　我妻是個賢德女，怎說他是妖怪精。

　　一派胡言我不信，快快滾出我家庭。

　　若再亂說來纏我，莫怪許仙不容情。

法海見許仙發怒，便笑嘻嘻說道：「許仙，不要發火，我是佛門弟子，勿能見死不救，我還要勸你一句話，不知你肯不肯聽信我？」

　　法海含笑說端詳，叫聲施主許先生。

　　過開二天是端陽，你同妻子賞端陽。

　　勸他飲杯雄黃酒，飲開酒後作主張。

　　說罷起身告辭，大搖大擺出大門。

卻說，許仙見法海走後，覺得有些奇怪，急忙走上高樓，只見娘子午睡未醒，許仙細看娘子，安詳和善而且美麗，那是什麼妖怪？法海胡言亂道，又到鏡子裡一照，紅光滿面，禁不住笑出聲來，笑聲驚醒了白娘娘。

　　娘娘驚醒打反身，睜開二眼看觀真。

　　只見丈夫床前站，嘻嘻哈哈笑起來。

卻說，娘娘被丈夫笑醒之後，開口便問：「你一人為何好笑？」許仙回言：「我想不到娘子腹中已有，小人不久就要養孩子，我要做父親了。因此，高興得笑了出來，驚醒了娘子，實在對不起。」

　　許仙謊言騙娘娘，不將法海說端詳。

　　從此娘娘要受苦，美滿姻緣要拆開。

卻說，光陰真快，明天就是端陽節，大家都準備過節，全來買香料、買雄黃，忙得許仙同夥計滿頭大汗，更有人受了娘娘送診送藥，好了毛病，都拿了粽子、鹹蛋、魚肉，來酬謝娘娘：

> 小青青和白娘娘，登在樓上細商量。
>
> 每年端陽原因現，現在人間怎麼樣。
>
> 如若要是原因現，恩愛夫妻化灰塵。
>
> 小青外出去躲避，我憑道恒過今天。

娘娘和青青正在憂愁，每年五月端陽，都要現出原形。此時，小青已經有點不舒服，白娘娘叫他早點出去躲避。小青答應，動身上山躲避，又問姐姐：「怎樣？」娘娘道：「我不能走，一旦外出要有疑心，我有千年道行，你放心去吧，不必掛念。」

> 小青臨走姐姐稱，自己准備若何能。
>
> 不宣小青避災難，再說許仙大官人。
>
> 天明一早就起身，吩咐藥店關大門。
>
> 你們出去龍船看，我和娘子在家門。

許仙關照夥計，今天是端陽放假一天。自己各做自己的事，我因夫人有病，不出去了。娘娘聽了急得要命，勸官人同夥計一起走開，就許仙故意不從，那裡肯聽娘娘，無法聽天由命。

> 娘娘無法勸許仙，今日惡時要靠天。
>
> 但願蒼天來保佑，保佑無事過今天。

時間真快，午時已到，娘娘頭昏腦脹，渾身酸痛，便輕聲叫官人：「你去吃飯吧！」想將他騙開，乃許仙答應下樓，吃酒吃飯，誰知酒已吃，醉倒了一杯雄黃酒，走上樓來，要娘子吃下解風寒，娘娘嗅著酒味，反吐想嘔，連忙用手推開。許仙道：「你我是夫妻，應該要吃我一杯，難道娘子生我氣？」

> 許仙再三勸娘娘，娘娘再回不肯吞。
>
> 為妻懷孕四個月，腹中疼痛難以吞。
>
> 如果官人逼我吃，孩子中毒若何能？
>
> 許仙即便開口說，娘子說話不可能。
>
> 雄黃本是安胎藥，吃了一杯保安穩。
>
> 娘娘被逼無法想，只得咬牙把酒吞。

白娘娘吃了杯酒後便到。說道：「官人，你不要在此糾纏。快下樓去吧，我要

休息一下。說罷。睡了下去，許仙也急忙下樓去了。」

　　　　不宣許仙下樓門，再說娘娘白素貞。

　　　　懊悔不該藥酒飲，吃下藥酒頭發昏。

卻說，娘娘吃下酒後，感到好像火燒，頭腦昏眩，眼睛麻糊，四肢無力，失去知覺，現了原形，一條白蛇盤在床上，呼呼睡覺。

　　　　娘娘大意來吞酒，雄黃發作了不成。

　　　　頓時渾身骨節痛，頭昏腦脹無主張。

　　　　無法只好原因現，昂頭繚舌白蛇身。

　　　　盤在床上呼呼睡，自己一點不知聞。

再說，許仙給了雄黃娘子吃，便燒碗醒酒湯，端上樓來，走到床前，聽到打昏之聲，知道娘子，睡著不要喊。他再一想，讓他吃了醒酒湯，早點舒服。所以上前叫喊：「娘子醒來，那知沒有回聲？」

　　　　許仙上前娘子稱，娘子一點不作聲。

　　　　掀開帳門床上看，啊唷跌倒地埃塵。

　　　　手裡湯碗乒乓響，三魂六魄出頂門。

　　　　兩手兩腳多伸直，頓時氣絕不還魂。

　　　　許仙唬死樓臺上，娘娘不知半亮分。

　　　　卷中不宣樓台事，再說小青轉家門。

再說，小青在金山背後樹上現了原形。到第二天醒來，復身連忙駕雲回家。只見冷冷清清無人，小青連忙上樓，看見許仙躺在地上，姐姐不見，小青摸摸許仙冰冷嘴鼻氣絕，唬得小青大聲叫喊姐姐，聽到床上呼吸之聲，小青將帳門掛起，連忙將娘娘推醒，說道：「姐姐，不好了，姐夫已經死了。」娘娘忙問：「官人在那裡？」

　　　　娘娘慌忙坐起身，唬得登時滅三魂。

　　　　宙像青天霹靂打，抱住許仙哭高聲。

　　　　官人官人連聲叫，哭得天昏地發昏。

　　　　只怪自己無主意，害你官人早亡身。

白娘娘見許仙死在樓上，哭得死去活來。恨自己一時糊塗，吃了杯雄黃酒現了原因。唬殺官人，叫我如何是好。妹妹，想個辦法吧！小青一想，說道：「姐姐，你到崑崙山去盜回仙草，來救姐夫。」

　　　　小青開口說分明，叫聲姐姐莫傷心。

　　　　崑崙山上靈芝草，能救姐夫命一條。

那時，白娘娘一聽，便將許仙放在床上。自己手拿雲帚，帶來雙劍，對小青說：「妹妹，我去之後，不要離開姐夫。你要守在旁邊，三天之內，我就回來。」白娘娘看了看許仙，駕雲而去。

　　　　娘娘駕雲到天空，飛越千山萬水中。

　　　　不多片刻崑崙到，彩雲降落半山中。

　　　　此時正巧交半夜，滿天星斗亮堂堂。

　　　　趁了月光爬山走，懸涯徒步攀高峰。

卻說，白娘娘爬上山頂，只見毫光萬道。上前一看，上寫：「洞天空」，三個大字，兩邊石柱上有一付對聯，上聯是太極原無極，下聯是先天接後天。知道是天界八宮之處，便急忙走了進去。一看，果然世界大不相同。

　　　　光輝明亮如白晝，蒼松翠柏綠油油。

　　　　娘娘立定細細看，天上景色未見過。

　　　　奇花異草樣樣有，百鳥嚶嚶念彌陀。

　　　　洞天景色果然好，天上人間大不同。

娘娘細細觀看，只見有個高大山洞，上寫南極宮三個字。進去一看無人，只見岩山縫中，光彩英英的靈芝，即忙採了一枝，放在懷中。正要轉身回去，忽然一聲高喊：「不要走！」跳出一個手拿寶劍，頭生雙角的童子。娘娘唬了一跳，知道不能逃走，只好上前施禮，懇求道請童子息怒。

　　　　我是卑劣白蛇身，峨嵋山上修道真。

　　　　千年修煉能變人，一日下山去遊春。

　　　　西湖遇著許官人，就與許仙結成婚。

　　　　只因今年端陽節，一時疏忽現蛇身。

　　　　將個丈夫來唬死，特求仙草救官人。

　　　　萬望童子開恩典，小蛇感激不忘恩。

鹿童聽了大喝道：「靈芝仙草，乃是仙家之物，怎能賜給凡人！快快還我仙草，放你回去，如若不聽，休想活命。」娘娘雙膝跪地，說道：「仙童仙家，本是慈悲救難，我小蛇萬水千山而來，請仙童賜給靈芝，讓我回去救活官人。」

　　　　鹿童兇狠不肯依，舉起雙劍奪靈芝。

　　　　娘娘無法來拔劍，劍光閃閃定高低。

一來一往來交戰，殺得天昏月不明。

娘娘用力揮一劍，鹿童臂上血直流。

鹿童被娘娘一劍砍臂，上寶劍落地，痛得啊唷一聲，忽然聽到一聲，高喊：「鹿童不要再交戰。」

娘娘聞聲張開眼，只見仙翁柱杖來。

頹頂髮白慈悲相，紅光滿面笑顏開。

娘娘立即高聲喊，仙翁救命快快來。

仙翁能救凡人難，神仙都是活菩薩。

娘娘張眼一看，是個禿頂白髮老人，手中拿著拐杖，知道他是南極仙翁壽星公公。連忙呼救，鹿童上前告稟師傅，這妖蛇偷了仙草，還將我打傷。請師傅將他處死，仙翁道：「不能處死他，快退下。」鹿童不敢違抗，立在旁邊，仙翁看看娘娘，便說：「白蛇，按你偷盜仙草，理因治罪，故念你千年修煉，未曾傷害過生靈，今日你一片誠心，為了救人冒死而來，還加身懷六甲，不能將你傷害。靈芝仙草就賞賜給你，你快下山救人吧。」

娘娘聽了喜歡心，叩頭拜謝大恩人。

仙翁慈悲饒我命，賜我靈芝救官人。

今日雙雙多有救，結草啣環報恩情。

叩辭仙翁駕祥雲，崑崙離別鎮江臨。

娘娘駕起雲頭，一多片刻，已到鎮江，在自家庭院落下。已經第二天中午，小青在床前守護，望姐快點回來。正在憂愁，聽到樓梯響聲，過去一看，確是娘娘回來，心中歡喜忙問：「仙草是否採到？」小姐從懷中拿出靈芝，叫小青快去煎湯，素貞到床前，看見官人，不覺心酸流下淚來，這時小青送進仙草湯，扶起許仙，將牙撬開，灌進湯藥，不多一會，許仙手腳轉動，輕輕呼氣復活。

許仙吃了仙草湯，皮膚紅潤面發光。

呼聲反身坐起床，娘娘小青問安康。

起死回生靈芝草，吃著仙草身健忘。

隔日事體忘記光，好像做了一場夢。

許仙復醒，好像做夢，看見小青、娘子講話，到有點唬，法海告訴我，說：「娘小是白蛇，小青是青蛇。當時不信，叫我端陽日給他吃碗雄黃酒，立即顯原形。現在記不清，還是讓我下樓而去。

許仙忽忽下樓行，心中忐忑勿定心。

法海和尚對我說，素貞小青是蛇精。

將我精神磨乾盡，挖我眼來吃我心。

還是趁早來斷絕，免得一命早歸陰。

許仙下樓後，一直不上樓。素貞幾次叫小青去請，推說店家生活忙，不能上樓。小青面孔一皮，說道：「一個人總要講點道理，小姐啥樣不好，你要冷淡。」許仙面紅耳赤，叫小青不要多心。

小青頓時冒火星，一把扯住不容情。

今日若不上樓去，莫怪小青太無情。

那時，店堂夥計見許仙已經幾天沒有上樓，都認為他們夫妻吵了嘴，所以多半勸他上樓。

娘娘看見笑盈盈，輕輕啟口叫官人。

難道店裡忙不定，難道外面有私情。

難道官人嫌妻醜，官人不必放在心。

為妻如有不到處，官人只管說分明。

白娘說道：「官人不上樓台，定有隱情。我們是夫妻，有事只管講明，不要躲躲閃閃。官人到底為啥？」說罷，這時，小青慌慌張張走上樓來，一把扯住娘娘叫喊：「救命！」娘娘說道：「小青，啥個事情？」小青道：「庭院裡有條大蛇。」娘娘起身向窗外一望，說道：「看你唬得如此，那不是蛇，是倉龍。」許仙聽說，望窗外一看，見條銀白色大蛇，唬得面如土色。

許仙唬得失三魂，一跤跌到地埃塵。

娘娘連忙來扶起，叫聲官人定心神。

再說，娘娘扶起官人半定，對他言道：「我小時候也有過倉龍出現，我不敢出門。母親告訴我：『如有倉龍出現，家業就會興旺發達。』端陽日那天，我也看見過，我不怕。」許仙聽了便問，啥個端陽節，那天娘子我也看見樓梯上一條大倉龍，唬得我逃進小青房裡，後來回進房來，見官人跌在地上。許仙聽了，原來如此，那天我看見盤在床上，真唬殺人是也。

許仙聽了娘子話，撥開烏雲見青天。

心中狐疑都消釋，才知法海謊言話。

從此夫妻更恩愛，又說又笑有商量。

店裡生意多興旺，日進斗銀喜歡心。

從此，許仙和娘子夫妻恩愛，日子過得很快。誰知來了個凶惡和尚法海，要來拆散許仙一對美滿姻緣。法海將許仙騙往金山寺，逼他削髮為僧，出家當和尚。許仙那肯答應，便將許仙關禁空房，派人看守。白娘娘見許仙月餘不回，掐指一算，知道被法海禁閉在山。娘娘上山尋夫，法海施法要捉娘娘。兩人大戰不分勝敗，娘娘向水府借水進攻，水漫金山，在混亂中，許仙逃出金山回鎮江家中，把藥店夥計辭退關門，帶了全家回到杭州，姐姐家中住下不到三月，娘娘產子取名夢蛟。娘娘滿月，法海又來，將手中金鉢要許仙拿上樓台，許仙不肯。法海大怒，親自上樓，那時娘娘正在梳頭，沒有防備。被法海收進金鉢壓在雷峰塔下，差塔神看守。許仙從此瘋瘋顛顛，到處亂跑。小青離開杭州，回到峨嵋山，拜見蕊芝師傅，懇求傳授法術，為姐姐報仇。再說，許仙姐夫、姐姐，精心扶養夢蛟，讓他上學讀書，聽到同學們說他是妖怪白蛇養的，現在這條白蛇被壓在雷峰塔下。現在的母親許氏不是親生母親，夢蛟聽了之後，回去盤問姑母。許氏吐露真情，夢蛟哭塔，又得中狀元，奉旨祭塔。剛好小青手拿寶劍，從仙山下來，幸救姐姐，口念真言，召來天兵神將把雷峰塔劈倒，成了一堆廢墟。娘娘從瓦礫中出來，跟著小青到仙山上去修道是也。

　　　　白蛇寶卷宣完滿，神也歡來神也歡。

　　　　神歡佛喜添吉佛，歡神喜保平安。

　　　　在辛巳年菊月彭城氏塗抄。

二、長篇宣卷《叔嫂風波》

長篇宣卷（口頭演唱記錄本）

第2卷

叔嫂風波

簡介

　　《叔嫂風波》這部長卷，敘述的是大明永樂年間，蘇州陳家，父曾為官已亡故，家中母親、弟兄兩個。哥陳文龍、弟陳文虎。哥已成親，奉詔出征邊關。孰料嫂嫂陸三姑水性楊花，欲同小叔結私情。陳文虎正人君子。從小配娃娃親，為逃避嫂嫂，前往吳江尋妻。

　　吳江金家，姑娘叫金秀英，從小配與陳文虎。父母、兄長早亡，姑嫂兩人過日子。嫂嫂貪財，欲將金秀英賣與吳江惡棍為妻，金秀英逃婚，到蘇州

尋夫。秀英、文虎巧遇，同回蘇州完婚。惡嫂同丫頭設計、殺死金秀英。陳文虎知曉後，投河自盡。被揚州商人趙九公搭救，同往揚州。金秀英陰魂不散，到城隍老爺處告狀，正巧判官老爺也在。聽訴冤情，遂施回魂術。

婆婆外出尋找媳婦，兩人路遇，方知冤情，同往京城告狀。一路乞討，在揚州與陳文虎巧遇，也在趙九公店裡避難。

陳文龍三年征戰得勝回朝，封王爺千歲，一路到揚州。秀英前往告狀，文龍方知家中變故。到趙九公家謝恩，接回家人，並邀趙九公父女同往蘇州。陳文龍到家，審問陸三姑與兩個丫頭，案情大白，將三人送庵堂削髮為尼。

母親徵得文龍同意，向趙九公提案，應允。文龍與趙九公女兒擇日完婚。陳文虎接朝廷聖旨，封禮部天官，攜妻金秀英赴京上任，同享榮華富貴。

長篇宣卷《叔嫂風波》由宣卷采錄小組張舫瀾、張鐘麟、金雲淩，於二○○七年十二月十五日，前往吳江市同里鎮菜澤湖花苑（原小葉港村）朱忠元家演出現場全本錄音。日場唱四回、夜場唱二回，共六回卷。龍鳳社、高黃驥、呂建英是夫妻檔絲弦宣卷，高為上手，周下手。音樂伴奏；二胡陳四海，揚琴周文光，該宣卷班四人均系吳江市民間文藝家協會會員。

《叔嫂風波》是同里宣卷的傳統卷目。據宣卷老藝人說，在民國時期他們見到過其手抄本，但現已散失難找。查閱《寶卷綜錄》、《中國宣卷總目》兩書，都未收錄此眷目。目前我地只有蘇時龍、汪靜蓮、高黃驥等少數藝人在口頭傳承和演唱。而高黃驥是演唱該卷的優秀藝人之一，也是他的代表作之一。

另外，地方戲曲中的《嫂嫖叔》、《文武狀元》，與宣卷《叔嫂風波》是同一題材的異名之作，有可能出於同一「母體」，似最早皆從傳奇、雜劇中改編而來，尚待進一步考證。

我們這次采錄《叔嫂風波》，以十分慎重的態度，堅持了忠實記錄，保持原樣的原則。做到不輕易改動一個字，更不作任何整理。本卷由金雲淩記錄。

叔嫂風波

演唱：高黃驥、周建英
記錄：金雲淩

第一回　文龍遠征

（卷前曲）

一支消香爐中裝，

敬天敬地敬三方。

今朝是朱家府上大排場，

揀得那干一月初六好良辰。

一願誠心敬神靈，

睒睒那發財老爺最要緊。

卷文一台唱端正，

來是不少善男信女把香焚。

紅燭高燒兩邊分，

香煙繚繞九霄雲。

巴望得一年四秀做生意要生意興，

巴望得子孫萬代保太平。

小晚生好格兩字唱不盡，

讓得我丟下閒文歸正本。

今朝我別部寶卷全不選，

拿本《叔嫂風波》唱幾聲。

　　　（表）現在正式開卷。《叔嫂風波》這部寶卷，所說的是大明永樂年間，那麼格〔註1〕個地點勒浪〔註2〕啥地方？格個地點比較近，就勒浪蘇州葑門外有個莊，叫陳家莊。說到格浪〔註3〕我要補充一句，作興〔註4〕到現在陳家莊嘸不〔註5〕哉〔註6〕，哪啥〔註7〕會嘸不哉呢？因為現在行拆遷，作興拆脫〔註8〕哉。所以說拆遷勿好怪我垓〔註9〕，同我勿搭界。當時辰光〔註10〕是有

〔註1〕格：吳地方言，這。詞與詞中間也作助詞的。

〔註2〕勒浪（勒嗨、勒）：吳地方言，在。

〔註3〕格浪（格搭、埃搭）：吳地方言，這裡。

〔註4〕作興：吳地方言，可能。

〔註5〕嘸不（嘸）：吳地方言，沒有。

〔註6〕哉：吳地方言，助詞，啦的意思，作用大致和了接近，但感情較強烈。

〔註7〕哪啥：吳地方言，怎麼。

〔註8〕脫：吳地方言，掉。

〔註9〕垓：吳地方言，的。

〔註10〕辰光（時辰）：吳地方言，時候、時間。

垓，勿相信倷〔註11〕去調查。那麼陳家莊浪呢，有家人家賅〔註12〕弟兄兩個。阿大叫陳文龍，阿二叫陳文虎。那麼格家人家屬于啥格人家呢？匪〔註13〕是做官人家出身。文龍、文虎格爺〔註14〕格辰光官居兵部尚書之職。因為伊倷〔註15〕功勞顯赫，臨終之後，皇帝賞識，所以封伊一個官銜，叫「蔭國公」。格個官銜大得嚇煞人！大勒啥場化〔註16〕呢？凡是大明天下，陳家屋裏向〔註17〕子子孫孫才〔註18〕可以做官，只要年齡一到，才可以走馬上任。

那我先要講個陳文龍。陳文龍十八歲年浪向〔註19〕，皇帝封俚為兵部侍郎之職。啥叫啥兵部侍郎？用現在句閒話〔註20〕講起來，就是國防部格副部長。嘸不實核垓，叫吃皇帝格飯，拿皇帝格俸祿，勿替皇帝做事體〔註21〕垓，但是匪有一點，叫隨叫隨到。今年年紀二十歲，新近剛剛討個家主婆〔註22〕喔喇，格個家小格只面孔漂亮是漂亮得勿得了！蘇州城裏向匪好翹翹只大拇節頭。叫陸三姑，夫妻交關〔註23〕要好，成親三個號頭〔註24〕。拿麼〔註25〕現在呢，娘還勒浪，就是講起來娘三個加陸三姑一個，連夫帶小四個人，家裡向歡度天倫之樂。現在講起來是相當幸福，相當歡喜。勿曉得好事多麼，外國人進犯中原，邊關浪向告急。本章進京，皇帝急煞，自己皇位危險。拿麼呢，同文武官員商量下來，有一個大忠良臣保舉陳文龍。說陳文龍年輕有為，讓伊倷出奔邊關。實嘎〔註26〕樣子一來，皇帝一聽嘸啥〔註27〕，拿麼一道聖旨下來，讓伊倷出奔邊關。

〔註11〕倷：吳地方言，你。
〔註12〕賅：吳地方言，擁有。
〔註13〕匪：吳地方言，也或亦。
〔註14〕爺：吳地方言，父親。
〔註15〕伊倷（伊奴）、俚（俚篤）：吳地方言，他、她、他們。
〔註16〕場化：吳地方言，地方。
〔註17〕屋裡向：吳地方言，屋：家，裡向：裡面，即家裡面。
〔註18〕吳地方言，全、全部。
〔註19〕浪向（浪）：吳地方言，上面、上。
〔註20〕閒話：吳地方言，話。
〔註21〕事體：吳地方言，事情。
〔註22〕事主婆（家小、家婆）：吳地方言，妻子。
〔註23〕交關：吳地方言，很。
〔註24〕號頭：吳地方言，月。
〔註25〕拿麼：吳地方言，那麼。
〔註26〕實嘎：吳地方言，這樣、這麼。
〔註27〕嘸啥：吳地方言，贊成。

　　拿麼一道聖旨下到仔〔註28〕荺門陳家莊。陳文龍接著格道聖旨，叫匪是開心匪是擔心。開心點啥？我跟勒爺，學仔好腳色本事，今朝可出仕皇家，為國出力。年紀輕，年輕氣盛，好出風頭。擔心點啥？格勒〔註29〕家小成親只有三個號頭，夫妻分開，何等格勿捨得。食君之祿，未報君恩。所以心裡相當格矛盾。伊倸先到大廳上，跟娘打個招呼。跟家小匪要去講一聲。老太太曉得自家伲子〔註30〕格心事。所以交待伊，先到樓臺上，搭伊格家小匪要去講一聲，匪要去安慰安慰倍篤家小。實嘎樣子一來呢，明朝動身，格麼屋裡向格人好放心。所以現在陳文龍往准樓浪向而來。

　　（賦）英雄生來膽氣浩，

　　　　　耍橫秋水音鈴刀。

　　（自白）呔！陳文龍，托捧聖恩，官居兵部侍郎之職。如今番邦侵犯中原，萬歲聖旨到來，要我前往邊關，掛二路元帥，前去解危。因此，我前往樓台與娘子話別幾句。真是——

　　（唱）一路走來往前行，

　　　　　樓台別妻訴衷情。

　　　　　與娘子成親三月情義深，

　　　　　如膠似漆不離分。

　　　　　可恨番邦掀風浪，

　　　　　犯我中原逞倡狂。

　　　　　萬歲聖旬到來臨，

　　　　　要我解危邊關行。

　　　　　怎奈我難捨夫妻兩離分，

　　　　　到如今步履沉重樓台行。

　　　　　來之已到樓臺上，

　　　　　未知娘子可起身。

　　（表）下麵抬頭一聲。樓浪向陳文龍格家小陸三姑，今年十八歲。與陳文龍結婚只有三個多號頭。陸三姑伊爺娘勿做官垃，蘇州城裏向做大生意垃。嫁到官宦之家，就像老鼠跳到米囤裡。陸三姑只面孔長得啥格樣子？陸三姑

──────────

〔註28〕仔：吳地方言，近乎了。

〔註29〕搭勒（搭）：吳地方言，和。

〔註30〕伲子：吳地方言，兒子。

只面孔哪啥標緻？我來開開伊格相。上有天堂，下有蘇杭。蘇州同杭州出美女。不過還有一個地方出美女垓，啥場化？揚州。揚州出瓊花，還出美女。不過陸三姑只面孔特別標緻。蘇州人吃甜食垓，倷看南方人格皮膚跟北方人格皮膚兩樣垓。特別細潔，特別糯。特別伊是蘇州城裏向格小姑娘，笑起來兩個酒窩，頭髮烏雲滴水，朝前結，面孔浪雪雪白，大眼睛，高鼻樑，杏桃小口，兩耳福福，分量幾化〔註31〕？只有七十八斤，三寸金蓮，叫放一分忒大，細一分態少。夫妻兩個好是好得哪啥樣子？兩個人如膠似漆。特別格女人格副眼睛標緻。一個人格標緻，勿是純純格面孔格輪廓。格副眼睛勿好朝男人看垓，朝男人看魂靈匣撥〔註32〕俚勾脫格呀！老聽眾到底相信勿相信，聽下去就曉得。陸三姑到樓梯口。

（白）啊，官人。

（白）娘子。

（白）官人到來裡邊請。

（白）娘子何用大禮。

（白）官人請。

（白）娘子請。

（白）官人請坐。

（白）同坐。

（表）小官人凳子上坐下來，小丫頭往伊倷官人格大腿浪「嚓嗒」一坐。陳文龍擼擼家小滴水格頭髮，一想著明朝〔註33〕就要分開，心裡向何等格內疚。想到格搭，長嘆一聲。

（白）唉——！

（白）喔——！

（自白）我搭倷結婚格點日腳〔註34〕，小官人格面孔從來齣〔註35〕板過。

（表）陸三姑「啪」從官人腿浪向立起來，回過身來。

（白）啊，官人。

〔註31〕幾化：吳地方言，多少。

〔註32〕撥：吳地方言，給。

〔註33〕明朝（來朝）：吳地方言，朝；天，明天。

〔註34〕日腳：吳地方言，日子。

〔註35〕齣：吳地方言，不曾。

（白）娘子。

（白）官人，因何心中煩悶呀？

（白）娘子啊！

（唱）可恨番邦掀風浪，
　　　侵犯中原逞倡狂。
　　　萬歲聖旨到我家門，
　　　要我文龍邊關行。
　　　食君之祿理報恩，
　　　明日就要來動身。
　　　怎奈我與你成親三月零，
　　　因此我想起此事心愁悶。

（白）官人。

（唱）官人聽我對你講，
　　　你我成親三月零。
　　　恩恩愛愛不分開，
　　　何必戰場把命拼。
　　　陪伴為樓樓台蹲，
　　　快樂逍遙過光陰。

（唱）我怎能捨得兩離分，
　　　怎奈是我家世代立朝廷。
　　　如今是京中有事要我行，
　　　豈能袖手在家蹲。
　　　再說我從小跟隨老父親，
　　　大小兵器件件能。
　　　六韜三略我全知，
　　　想我已是善用兵。
　　　娘子啊此番離家時間久，
　　　三年五載方回門。
　　　家中娘親年已邁，
　　　你要替我盡孝心。
　　　兄弟書房讀經綸，

噓寒問暖要關心。

待得我班師回朝歸家轉，

封妻蔭子樂天倫。

（白）結婚只有三個多月俉講要出去打仗，叫我哪哈放心啊，小官人！

（白）娘子啊。

（白）今日不要下樓，陪伴為妻樓台用膳。

（白）亦可使得。

（表）啥叫啥樓台用膳？就是今朝〔註36〕頭數〔註37〕到客廳去吃飯了，就陪伴家小在樓台浪向小酌。這個名堂叫「對腳板」。〔註38〕

陳文龍要緊交待僮兒，去跟老太太打個招呼。老太太蠻〔註39〕理解，今朝一別要起碼三年五載，夫妻兩個一道吃夜飯。格頓夜飯大家吃勿落，明朝分開哉，終歸勿窩心〔註40〕，叫肚腸勿落。等到吃好夜飯舒齊〔註41〕，夫妻睏覺〔註42〕。

陳文龍格家小陸三姑，相幫自家小官人整頓行裝。夫妻兩個人才睏勿著，一宵已過，直抵來朝。陳文龍要動身進京，路上要帶格物事〔註43〕交交關關，等到整頓好舒齊完備，小夫妻一同來到——

（唱）房廳之中別娘親。

（表）老太太曉得今朝伲子就要動身進京邊關去，所以老早一桌半盛酒菜擺好，為伲子送行，希望俚伲子旗開得勝。

（唱）酒菜雖好難下嗹。

（表）陳文龍第一杯酒敬天，第二杯酒敬地，第三杯酒拿起來一飲而盡。「撲」，跪倒在娘格面前，磕仔三個響頭。

（白）恕孩兒不孝！盡忠不能盡孝，盡孝不能盡忠！

（白）但願孩兒旗開得勝，馬到成功！

（表）老太太拿伲子摻起來，交待伲子陳文虎，交待大媳婦陸三姑，代

〔註36〕今朝：吳地方言，今天。

〔註37〕勿：吳地方言，不要。

〔註38〕對腳板：俗語，夫妻兩人面對面用餐，表示夫妻恩愛。

〔註39〕蠻：吳地方言，很。

〔註40〕窩心：吳地方言，開心。

〔註41〕舒齊：吳地方言，辦好、辦妥。

〔註42〕睏覺：吳地方言，睡覺。

〔註43〕物事（物事經）：吳地方言，東西。

替我相送文龍。拿麼呢，大媳婦陸三姑，小倪子陳文虎，以及府裏向上下傭人一起相送文龍。

（唱）相送文龍邊關行，

　　　　十裏長亭到米臨。

（表）到仔十裏長亭，陳文龍唨扣住馬鞭。先要關照自家〔註44〕兄弟兩聲，終歸實嘎點叮囑，讀書麼要用心點，對娘要孝敬點，對阿嫂要尊重點。兄弟終歸是「嗯、是，嗯、是」，連聲答應。回過頭來，陳文龍想對家小交待兩聲。伊驚訝，只看見家小有點眼窠洇洇〔註45〕。啊呀，我出去打仗埃，偺眼窠洇洇要觸黴頭喔！

（白）啊喲娘子啊！

（白）小官人啊！

（白）勿要哭。此番我出兵邊關，你要祝我旗開得勝，馬到成功，萬事如意！

（白）小官人啊。

（白）娘子啊。

（白）我昨夜一夜勿睏著，我橫想豎想、豎想橫想，想來想去我有兩聲閒話要搭偺講。

（白）娘子有話只管講來。

（白）我終歸愛你愛到心裡向！

（白）我匣愛你！

（白）偺到戰場浪向，敵人杆槍嘸不眼睛埃喲，「嚓塌」〔註46〕仔麼，我要做孤孀格喲。

（表）文龍對家小望望。

（自白）嗨！我出征邊關去打仗，偺哪哈講格種黴氣閒話！

（白）不能這樣言講的，別人家有杆槍，我匣有杆槍，敵人格槍不生眼睛，我格杆槍匣不是好欺侮的。

（白）小官人啊，我曉得偺狠〔註47〕格喲，不過終歸有失手格喲。人格

〔註44〕自家：吳地方言，自己。
〔註45〕眼窠洇洇：吳地方言，眼淚汪汪。
〔註46〕嚓塌：喻刺殺。
〔註47〕狠：吳地方言，厲害。

生命只有一次嘍，格麼〔註48〕我格閒話就講勒前頭。小官人啊，倧出去回勿轉來，三更裏向托了個夢撥我，我搭倧生同羅帳死同墳！

（自白）要死快哉！賽過〔註49〕梁山伯與祝英台哉，生同羅帳死同墳！

（白）娘子啊，格個閒話就是永別哉，倧勒纏點啥？

（白）差是差勿多垓。

（白）倧放心便了。三年五載我定然要班師回朝，給你一個驚喜嘍！

（白）看上去我要哭垓。

（白）喔，休得如此。娘子啊，你看今日，風這麼大，天氣是這麼冷，你便回去吧！

（白）小官人啊，我今朝搭倧一別要下世再見哉。那麼倧先走啊，我勒格搭看倧，倧四隻腳走路快呀。

（白）喔，終歸觸黴頭〔註50〕哉！

（表）文龍想我變四隻腳了。實在是文龍騎著馬，阿是〔註51〕四隻腳？對垓。

（白）既然如此，那麼你待等我一走，你便回去吧。

（表）閒話講完，文龍一想那就走吧，再勿走我自家要跑勿脫。因為家小眼窠洇洇，夫妻要好格個叫真是難捨難分。所以硬硬頭皮，頭別別轉，兩隻腳往准馬肚皮狠狠兩收，馬鞭子舉起來，往准馬肚皮浪「啪」一記，格個名堂叫啥？格個名堂叫「拍馬屁」。格只馬伯伯心裏轉念頭，平常我一直跟俚爺出征邊關，衝來殺去，今朝要發發威，所以馬面孔一板，馬尾巴一翹，馬耳朵一豎，四蹄撇開，長嘯一聲「哇——」

（唱）塵土飛揚往前行，

頃刻無蹤又無影。

（表）辰光蠻快，眼眼一眨，已經馬格影子勿見哉，灰塵也看勿見。書裏要交待啥人？交待陳文龍格兄弟陳文虎。兄弟一道出來相送，現在看看大佬倌〔註52〕去遠，好回轉去了。回過頭來一看阿嫂麼一嚇呀，只見阿嫂格頭頸伸得格樣長，下頭格衣襟豁開，那麼外頭格風實嘎大，萬一吹得來著仔涼

〔註48〕格麼：吳地方言，那麼。
〔註49〕賽過：吳地方言，好比、好像。
〔註50〕觸黴頭：吳地方言，倒楣。
〔註51〕阿是（阿對）：吳地方言，是不是、對不對。
〔註52〕大佬倌：吳地方言，哥。

哪哈弄法呢！再講大佬倌呢已經沒有影蹤了，格麼哪哈呢，提醒俚一聲吧，回轉去吧。

（白）嫂嫂，哥已去遠了。

（白）呀——！

（表）聲音朝陸三姑順〔註53〕耳朵進去，濟〔註54〕耳朵出來，格麼哪哈？撓沒，嘴巴裡向吃進去，向上來有點甜津津垓！

老聽眾要說，俫哪哈講得實嘎形容。有格聲音好聽，有格聲音聽著惹人氣垓。

陸三姑哪哈勿曉得小叔生得實嘎標緻？因為成親三個多號頭，老底子〔註55〕封建，男女有別，授受不親。阿嫂搭小叔，隔窗相見，勿好看見垓，格次是第二次見。

（自白）聲齊實嘎好聽，肯定格人還要神氣了。我格小官人嘸腦子，開口出來格聲音粗聲粗氣，面孔黑蒼蒼。小叔面孔雪白，眼睛有神，實嘎標緻好看。

（表）我伲〔註56〕剛剛曉得，陸三姑格雙眼睛勿好看男人垓。伊俫啥格眼睛？桃花眼，帶勾魂眼。歷史浪向有實嘎一雙眼睛格是啥人？清朝裡向慈禧太后，傾城傾貌，伊格雙眼睛賽過陸羽七十二變，才攔勒伊身浪向。陸三姑就是生格雙眼睛。

伊俫連身段，連眼睛別轉來，喔，魂靈心出竅！俫麼魂靈心出竅，正巧格陳文虎回頭一看，乖乖，怪勿得伲格大佬倌自從討仔伲格阿嫂，勿到書房看我，終歸勒浪樓台浪向。阿嫂格只面孔實嘎漂亮，喔喲，想想阿哥阿哥啊，俫格人福氣實頭〔註57〕好垓，格個阿嫂真真好。不過還看仔一看，哪哈勒海，頭朝我看別勿轉去哉？還登勒格浪啥事體？催伊一聲。

（白）嫂嫂，哥哥去遠看不見了。

（表）俫陳文虎喊格一聲，陸三姑格魂上去哉！到啥場化？要到靈霄寶殿去哉。俫一喊，「啪」，魂從眉心裡向出去，格個就是叫失魂落魄！呆仔一

〔註53〕順：吳地方言，右。

〔註54〕濟：吳地方言，左。

〔註55〕老底子（老法頭）：吳地方言，從前。

〔註56〕我伲（俉伲、伲）：吳地方言，我們。

〔註57〕實頭：吳地方言，實在。

歇〔註58〕，眼睛眨一眨，啊呀，我失態哉佛〔註59〕！〔註60〕〔註61〕伊神態有點慌亂，頭一偏。

頭裏讀書，勿像現在，默看垓，才要讀出聲音來垓，場怕記勿牢呀。

（自白）勒浪讀書。

（自白）關關雎鳩，在河之洲。

窈窕淑女，君子好逑。……

（自白）勒想女人啊！

（表）聽到格搭，陸三姑再已忍勿住了，開口一聲。

（白）叔叔。

（表）陳文虎冷猛頭裡聽見一聲「叔叔」，呆仔一歇，門外分明是阿嫂在叫伊。這怎可使得！男女授受不親，更何況這深更半夜。

（白）嫂嫂，時候不早了，有何事情，明朝再說吧。

（白）叔叔，我幫俙做了件衣裳，針線未拿掉，俙試試，如不合身，還可幫俙改一改。

（表）聽說阿嫂幫自家做了件衣裳，文虎想勿開門，匣有點說勿過去？正是左右為難。門倒底開呢勿開？

（唱）讓我晚生停一停，

下回之中說分明。

第二回　三姑戲叔

（卷前曲）

小小道士下山來，

四面黃花遍地開。

但聽到晚生一聲魚鐘響，

卷臺上引出不少仙人來。

王母娘娘蟠桃會，

蟠桃送到宣卷台。

聽宣卷人大家才拿仙桃吃，

〔註58〕一歇（歇）：吳地方言，一陣、一時、一會。
〔註59〕佛：吳地方言，啊。
〔註60〕上場勢：吳地方言，要見人的藉口、理由。
〔註61〕格歇：吳地方言，這時候。

吃了仙桃福氣來。

小晚生福氣兩字唱不盡，

篤落閑文正卷開。

　　（表）陳文虎萬萬想勿到，阿嫂陸三姑會得看中伊。現在拿扇門開開來麼，阿嫂膽子大得收勿小，到裡向拿扇門「咣當」一關，門閂「骨篤」一閂，陳文虎嚇得來魂靈心要出竅哉！轉念頭，夜頭漫黑〔註62〕，萬一家眼勿見野眼見，格個事體哪哈弄法？！伊十分慌亂，吞吞吐吐，連閑話匣講勿連起哉！

　　（白）喔唦！嫂嫂……為何……要把門緊……緊閉啊！

　　（自白）我麼脫以〔註63〕猴急麼，進門門「咣當」一關，門閂「骨篤」一閂，嚇得格小叔叔看呢，實嘎冷格天，伊倷額骨頭浪向滋汗哉。那麼我現在面孔齣拉麼，我有理由垓。

　　（白）小叔叔啊。

　　（白）是、是……

　　（白）外頭吹進來格風，冷格呀。那麼我著得少，我怕冷格呀。

　　（表）喔唷，要死快哉，講麼就講呀，格只手還要搭法搭法，俚麼搭法搭法，格陳文虎賽過像碰勒冰浪，喔……一來興〔註64〕。不過閑話匣對垓，因為今朝齊巧〔註65〕進門風吹進來，確實蠻大，所以一般講起來要拿門關垓。現在關匣關脫哉，阿嫂來匣來哉，事已至此，也只得作罷。場面浪向格事體，匣不能怠慢。

　　（白）唷，嫂嫂，請坐啊。

　　（表）挨面〔註66〕有二隻凳，畏面〔註67〕匣有二隻凳，書房裡向有四隻凳二隻茶几。我坐到啥場化？小叔叔邊上有只靠背椅垓，伊太師靠背椅裡「啪搭」一下坐下來，裙角碰著海青〔註68〕角。陳文虎想——

　　（自白）啊呀，倷哪哈勿坐坐邊浪向呀！喔，要麼格浪亮光足一點。格

〔註62〕夜頭漫黑：吳地方言，夜裡天很黑。

〔註63〕脫以：吳地方言，過分。

〔註64〕一來興：吳地方言，一下子。

〔註65〕齊巧（齊頭）：吳地方言，巧、正巧。

〔註66〕挨面：吳地方言，那面、那裡。

〔註67〕畏面：吳地方言，這面、這裡。

〔註68〕海背：古時穿的袍。

麼我到暗頭裡向去，我來讓倷。

（表）拿只凳子「當」搬過來，往准邊浪向一拖。

（自白）喔喲喲，我三個號頭肉要落脫八斤得了，倷碰著點衣裳凳子要拿過去，我要追過來垓！

（表）到格地步嘸辦法，只好撥伊張〔註69〕過去。拿麼臂膊碰著臂膊呀。喔，拿是〔註70〕越來越要好哉！陳文虎心裡向轉念頭，我勿脫阿嫂賭凳子戲法哉！

（白）喔，嫂嫂。剛才倷講替我做了一件春衣，不知衣服現在何處？拿將出來，給小弟一試。

（表）陸三姑「嗒」，從包裹裡拿出來一件衣裳。老底子男人格衣裳，才著得來百花百絕，比女人格還要花得了。拿出來——

（白）小叔叔呀，倷著著看呀。

（白）嗯、是。

（表）陳文虎「嗒」，衣裳接到手裡向，抖二抖，格件衣裳漂亮。料子匣是好，花色匣是多，百花百蝶。伊僚拿件衣裳往准身浪向一穿麼，喔，阿嫂格雙手麼實頭巧！伊只不過約摸見我二面，格件衣裳做得實嘎好，真真勿簡單。

（白）啊呀，嫂嫂。這件衣服不長不短，剛巧正好。

（表）陳文虎啊，倷麼實嘎講，陸三姑伊奴本來就冬瓜纏到茄門裏〔註71〕去哉。拿麼倷格件衣裳著勒浪正好麼，伊膽子大哉，閒話講出來嘸不分寸哉。

（白）小叔叔啊。

（白）嫂嫂。

（白）自從涼亭一別，倷勒書房裡想點啥呢？

（白）嗯，這個麼……

（自白）問我涼亭裡向一別，書房裡向想點啥，格蠻簡單垓。

（白）嫂嫂，小弟在涼亭一別，回得家中，無非是用功勤讀。若要問我在想些什麼，無非想要像哥哥一樣，將來出仕皇家，為國出力。若要問我再

〔註69〕張：吳地方言，靠近。
〔註70〕拿是：吳地方言，這是。
〔註71〕冬瓜纏到茄門裡：俗語，意思搞錯。

想些什麼，無非是牽掛兄長。

（白）俫牽掛大佬倌，我牽掛男人，不過我還牽掛格人了呀！

（白）還牽掛哪一個？

（表）喔哘，伊俫把各式各樣格動作才做出來。書房間裡只有二個人呀，格人麼越坐越近、越坐越近……要死了，碰牢哉呀！

（白）叔叔。

（白）噯。

（唱）叔叔啊，我與你初會在涼亭，

愚嫂在家牽掛君。

茶不思米飯不想，

早晨想到夜黃昏。

（白）哦……！

（唱）想到叔叔書房行，

書房伴讀到天明。

（唱）嫂嫂閨樓心煩悶，

你白天盡管到來臨。

如今是夜半三更無人行，

企能到我書房門。

倘然旁人來看見，

說三道四話紛紛。

說壞我小弟倒無妨，

說壞嫂嫂難做人。

（白）啊，叔叔呀！

（唱）叔叔你聽我講分明，

日裡做你好嫂嫂。

夜裡做你好妻房，

將來與你叔接嫂。

（白）喔……！

（唱）嫂嫂越說越荒唐，

叔嫂企能結私情。

企能夠傷風敗俗丟門庭，

莫非你閨樓多飲酒三樽。

胡言亂語不可以，

況且夜深人已靜。

小弟也要來安寢，

請嫂嫂即刻回轉堂樓亭。

（表）陸三姑樓台浪向三個多號頭，想俤陳文虎肉落脫八斤得了。我今朝三更裡向下樓到俤書房書裡向，我拉下只面孔，厚仔臉面，才為俤陳文虎，俤拿我回出來，好比啥呢？六月裡向，去吊一桶井水，從頭浪向倒到腳後跟浪向，冰冰涸麼好哉！一個人勿好敗，敗仔才做得出垓。叫橫豎橫拆牛棚，拆脫牛棚搭涼棚，越來越風涼。伊俤戤〔註72〕勒扇門浪向，一面孔格得相罵呀！

（白）文虎啊。

（白）怎樣？

（白）我關照俤。

（白）噢。

（白）俤聽我格閒話，我日裡做俤格阿嫂，夜裡做俤家小。晤篤大佬倌要包褌冷〔註73〕垓。

（白）要死快哉！

（白）要麼我搭俤叔接嫂。

（白）豈可！

（白）俤哪哈……？

（白）唉、唉……！

（白）俤快點！今朝勿答應啊……！

（白）便就怎樣？

（白）俤聽好，書房間裡我搭俤兩個人，嘸不第三個人，我陸三姑橫勢橫隨便吧，我要強奸你！

（白）啊呀！死快哉！

（表）女人強奸男人，天下唯一大奇聞！不過陳文虎看得出垓，阿嫂格人說得出做得到垓。倘然伊真格要硬上格話，格個物事經害人啊！要落魄

〔註72〕戤：吳地方言，靠。

〔註73〕褌冷：吳地方言，死。

坆，一落仔魂，要犯大錯坆。格麼哪哈弄法呢？格種人啊勿好搭伊講道理坆，趕伊出去算哉！格麼陳文虎啊，俤擼二記耳光撥勒阿嫂吃吃。可是伊轉念頭，伊俤吃仔耳光受不了，閒話勿講，頭一扭往准外頭一走。所以伊匟曉得輕重緩急，萬一我實嘎樣子一來，阿嫂回到樓浪向，想想怨、想想怨，我一等格女人看中俤，俤狗咬呂洞賓，勿識好人心。俤居然還要撥二記耳光我吃吃！蠻好佛，我活勒浪嘸不啥味道坆，我索性上吊死仔吧，格哪哈弄法呢？！唉！事體真格實嘎麼，我勒娘格面前交勿了差，大佬倌面前我匟交勿了差。最好事體勿發生，叫多一事來勿如少一事。喏，陳文虎犯格最大格錯，面子拉勿下來。那就趕伊出去吧，因此嘴巴裡向蠻鬧猛，人往准門口頭過來。

（白）真是豈有此理，胡言亂語，時光勿早，但請回去吧！

（表）伊往准門口頭一步一步踏過來，準備來開格扇門。

（自白）蠻好，俤過來呀！

（表）格陸三姑伊俤戲勒門浪，格雙手撐仔開來。

（自白）俤過來麼我搿〔註74〕牢俤！

（表）陳文虎一嚇，只看見阿嫂著格是透明格衣裳。兩只手撐開，胸芒〔註75〕頭晃了晃、晃了晃，陳文虎格心蕩了蕩、蕩了蕩。

（自白）好上去坆？一上去撥伊真格搿牢，格是我要嘸不落場勢〔註76〕坆。格麼哪哈呢？逃走！我逃到內書房裡向去，拿扇書房門一關，俤叫到天亮麼俤匟嘸不辦法想！

（表）所以想到格搭點——

（白）豈有此理！

（表）袖子管一甩，往准裏向「澀、澀、澀」一逃呀。不像樣格女人啊，勒心裡轉念頭，格個事體皮要〔註77〕到房間裡去坆，格麼我追。

（白）我來哉！

（表）「澀、澀、澀……」追進去。陳文虎要想來關關格扇內書房門。一看啊呀，出毛病哉！出啥格毛病？格扇內書房門壞脫哉！格麼哪哈弄法？巧

〔註74〕搿：吳地方言，雙手抱在懷中。

〔註75〕胸芒：吳地方言，胸脯。

〔註76〕落場勢：吳地方言，為退出爭端而準備的台階。

〔註77〕板要：吳地方言，一定要。

書板要弄巧，無巧不成書。格扇門昨日子〔註78〕壞脫垓！格麼昨日壞脫麼過二日修匣無所謂阿對？哪裡曉得，今朝齊巧要派格扇門用場，要緊關子拍潮煙〔註79〕，拿麼格陳文虎急煞哉。看見阿嫂勒往裡向追進來，手勒浪搖，人望後頭退。

（白）嫂嫂，你不要進來、你不要……！

（表）手勒浪搖，人勒往後頭退，哪裡曉得床浪有個掉板〔註80〕垓，腳後跟往准床格掉板浪一絆麼，人「骨碌碌」一個仰面朝天，摜倒床浪向。

（自白）哈哈！格個動作才是做撥我陸三姑看垓，那就是叫我來啊。格麼倷睏勒床浪，我哪哈勿來呢！

（表）格瘟女人才做得出格呀。伊奴蠻快垓，「杳、杳、杳」到掉皮浪向，小腳「嚓」一點到床浪向，格個手腳真格叫快哉。撲勒陳文虎身浪向，「嘶」，拿仔手下來往肚皮下一揮，彩裙哼〔註81〕下來。

啊呀，格千鈞一髮之際，真危險呀！老聽眾啊，倷一定想像得到，探脫帽子，褪脫海青，連下來要做啥物事啊？抱歉，今朝只好講到格搭哉，只好自家去想哉麼，唉，格個物事勿是來來白相相垓。就勒格個千鈞一髮之際，外勢〔註82〕傳進來一個煞俏格聲音。

（白）老太太，請啊！

（白）啊呀！……

（自白）喔唷唷！婆阿媽，倷來做啥？倷早點來，格麼我匣勿追進去哉，格點力匣勿用脫哉。倷晏〔註83〕，格麼我事體匣成功哉。叫生米做成熟米飯，勿承認匣要承認，倷匣嘸不辦法哉！

（表）倷數面皮我要面子垓，「嗒」，陳文虎床浪向下來，掉板浪向立定。

（白）叔叔啊。

（白）哦，嫂嫂。

（白）婆婆來了！

（白）我家娘親來了，快些回去吧！

〔註78〕昨日子（昨日頭）：吳地方言，昨天。

〔註79〕要緊關子拍潮煙：吳地方言，比喻事情緊急的時候卻沒有辦法。

〔註80〕掉板：吳地方言，老式床面前一塊踏板。

〔註81〕哼：吳地方言，拉、扯。

〔註82〕外勢：吳地方言，外面。

〔註83〕晏（讀愛）：吳地方言，晚、遲。

（白）今日不便，明朝我再來啊！

（表）「沓、沓、沓……」往准書房間外頭奔出去。看伊走出房門頭，拿麼我勿講陳文虎，我要交待啥人呢？陳文虎格娘。阿是陳文虎格娘曉得大媳婦去調戲格小阿叔啦，來解危垓？勿、書分兩頭，各表其主。因為格老太太睏勿著。為點啥睏勿著？為來為去為格大伲子，到邊關去打仗，老太太冷眼裡看格大媳婦，格大媳婦肚皮嘸不啥。板麼呢，伊俤格希望就寄託勒小媳婦格身浪向。小媳婦從小訂親，勒浪吳江北門外勢，有個莊叫金家莊，有個小姑娘叫金秀英。幾化年數勿通訊哉，格麼現在大伲子勿轉來麼，還是讓小伲子早點成仔家吧。所以想仔幾日幾夜，睏勿著覺。今朝隨便哪哈屏勿牢哉，想搭伲子碰碰頭。拿麼叫小丫頭去看。小丫頭打仔個來回麼，說回稟老太太，少爺還勒書房裡，齜睏覺了。老太太一聽頂好了佛。老太太說，既然如此麼，俤攙我到書房見伲子。拿麼丫頭攙牢老夫人，一路走出來麼，就關照伊。

（白）老夫人啊，門開了哉。老夫人啊，走好！

（表）冷猛一聲，夜頭漫黑，幾化靜了，寂靜無聲，所以老早就聽出來。現在老太太往准門口頭一來，喔，門開好了哉。蠟燭火光蠻亮了。要緊到門口頭，格個是規矩，要招呼一聲。

（白）我兒在哪裡？我兒在哪裡呀？

（表）晤篤格心肝寶貝伲子勒床底下，床底下尋格節牲〔註84〕帽子呀。老底子會客板要帶帽子，勿帶帽子就是對人勿尊重。俤穿戴勿套帽子，格是勿成體統垓。拿麼伊俤聽到娘一來慌哉呀，格帽子倒拿著哉，拿格只帽子「啪」一套，格枝纓麼，應該朝前頭垓，草巾麼匣有鈕頭垓，草巾鈕頭齜鈕好，拿麼好哉，才套勒埃格〔註85〕浪向麼反轉來哉。海青格鈕頭匣齜鈕好呀。靴統是勷去講伊哉，順了濟才套錯哉呀！「沓、沓、沓」到門口頭看見娘已經進來哉麼，格陳文虎慌得來格只嘴匣吊〔註86〕哉呀。

（白）啊、啊、啊……母親來……來了！

（白）喔……！

（表）老太太一嚇呀。只看見伲子嘴麼歪脫，眼神麼慌張。

〔註84〕節笙：吳地方言，罵人的話。
〔註85〕埃格：吳地方言，這個。
〔註86〕吊：吳地方言，說話結巴。

（白）兒啦。

（白）母親。

（白）何故如此狼狠啊？

（表）娘問倷，格麼倷老實講，剛巧阿嫂麼實嘎長、實嘎短調戲伊倷。小囡有良心，老底格小翠特別顧慮重，因為哪哈呢？叫忠孝節義，孝子孝子就要孝爺娘。孝！我爺嘸不哉，我拿格種閒話講出來，講得高，碰著天，講得低，碰著地。講出格種閒話，娘心中受不了，眼睛朝上一翻，一腳去哪哈辦？再講真格勿巧，大佬倌匣勿勒浪，格小囡骨碌篤吃下去哉。拿麼，好人啦，說謊話匣說勿像，實際上伊已經有漏洞格呀。

（白）啊，母親。

（白）兒啊。

（白）孩兒已經安息了，母親到了麼孩兒衣冠不整，還望母親原諒幾分。

（白）下回要當心了。

（白）明白了。

（表）帽子戴戴好，海青著著好，靴子著著好，重歸見個禮，坐下來。老太太倒蠻相信呀。啥道理？隨便哪哈想勿到格大媳婦會得去調戲格個小叔坆。格個物事賽過勿存在格事體，所以對伊格閒話齣起疑。現在身體坐定，丫頭拿盞燈籠往准旁邊一放，花起格腰，一隻手搭牢仔靠背椅子，立勒老太太背後頭。老太太對伲子望望。

（白）兒啊。

（白）母親。

（白）今日裡為娘到來麼非為別事。

（白）為了何事？

（白）為了你的婚姻大事。所以為娘這幾天已有好幾個晚上沒有好好睡覺了。

（表）格陳文虎「騰」立起來。

（自白）為的啥呢？最近陳府浪向女人才睏勿著。女人睏勿著才來尋我，阿嫂剛巧睏勿著來尋我調戲我，姆媽睏勿著為啥啦？……

（白）母親。

（白）兒啦。

（白）因何睡不著呀？

（白）你可記得，你爹爹自小與你配對姻親，一戶金家姑娘。

（表）老底子講早婚，早到了哪哈？老聽眾啊，我只聽著齣看著，格個二個人大肚皮裡向一男一女就自配夫妻哉，叫啥啦？──指腹為婚。

（白）啊，母親。

（白）兒啊。

（白）孩兒知曉的。

（白）因此為娘想麼，我兒已經有了──

（唱）你家兄長邊關行，

　　　　三年五載方回門。

　　　　想你已經十六歲，

　　　　為娘我抱孫心切不安寧。

　　　　如今男長女也大，

　　　　你家爹爹來配親。

　　　　家于吳江金家村，

　　　　姑娘名叫金秀英。

　　　　越想好事來玉成，

　　　　為娘我早抱孫子早稱心。

（白）母親。

（唱）聽到娘親一番話，

　　　　要與孩兒來配親。

　　　　婚姻大事娘作主，

　　　　孩兒就此來從命。

（白）這就是了。

（唱）既然我兒聽娘話，

　　　　到來朝為娘即刻請媒人。

　　　　前往金家去下聘，

　　　　迎娶姑娘轉我門。

（白）婚姻大事，聽便娘親便了。

（白）如此為娘，也就放心了。

（白）噢。

（白）啊呀，時光不早，當心身體，早些安睡吧。

（白）明白了。

（白）為娘也好進去了。

（白）相送母親。

（白）不用相送。

（自白）阿彌陀佛、阿彌陀佛、阿彌陀佛……

（表）老太太念仔阿彌陀佛，丫頭攙扶，持燈籠，回到房廳。到仔床浪向，勿消片刻，「呼……」呼嚕匣來哉，事體了結麼，伊奴匣睏得著哉。

倸麼睏得著，陳文虎睏勿著。今朝一夜天，倸看看，大半夜去脫哉，阿嫂麼來調戲我，娘麼要我討家主婆。格麼我想來想去麼還是討家主婆，實嘎匣好恐勒阿嫂格條心，倘然。格了阿嫂真格有點啥勿清勿爽，格個事體相當討厭。所以想來想去麼，心裡還有一點勿踏實，啥格問題呢？我格阿嫂臨走辰光講埃，今朝我搭倸好事勿成功，明朝頭我再來看倸。格麼我明朝多加小心，後日多加小心，萬一老虎脫腳哪哈弄法呢？娘搭我去委媒說親，就算快快快麼，匣要廿一天格籌備。格麼廿一天當中不一定會出毛病。格麼哪哈呢？陳文虎腦筋一動麼──

（自白）罷……！

（表）包裹理一理，行李整一整。屋裡向蹲勿牢哉！

（唱）到金秀英屋裡向避風頭，

　　　　　將身走出陳府門。

（表）拿麼往准外勢要到金家莊去會得金秀英。拿麼我再要交待金秀英格家人家。喔唷，金秀英格家人家本來匣是一家好人家，爺、娘、還有阿哥，相當好。但是回過頭來格大佬倌自從討仔格阿嫂劉嘉鳳麼，勿靈光〔註87〕哉，屋裡向搞得要三缸清水六缸渾，爺娘撥了劉喜鳳氣死勿算數，自家格大佬倌匣撥了格劉喜鳳逼死。拿麼伲想呀，爺娘、男人〔註88〕麼勿勒劉喜鳳格眼裡向，格金秀英倸看阿嫂阿會得〔註89〕對伊好！拿麼，勿是拿伊打麼便是對伊罵，外加平常嘸不啥好洛物事撥伊吃。最好拿伊早點推出去麼，有人要想買麼好價鈿。格麼金家屋裡還有一半家當才好伊杆子〔註90〕全部吞沒。格

〔註87〕靈光（靈）：吳地方言，好。

〔註88〕男人：吳地方言，丈夫。

〔註89〕阿會得：吳地方言，會不會。

〔註90〕一杆子：吳地方言，一個人。

個人心特別野、特別貪。今朝早浪向一早起來，日高三丈哉，劉喜鳳還勒浪旺琅旺琅〔註91〕罵出門。唉呀——

　　（唱）東邊日出黃過過〔註92〕，

　　　　　屋裡向走出我劉喜鳳。

　　　　　嫁到夫妻十二春，

　　　　　公婆丈夫命嗚呼。

　　　　　如今是留下姑嫂兩個人，

　　　　　提起秀英心光火！

　　　　　我有心早早叫她去嫁男人，

　　　　　誰料想她橫不應豎不肯。

　　　　　說什麼從小招配陳府門，

　　　　　世襲之胄好門庭。

　　　　　說不定陳家早已另配親，

　　　　　將秀英忘記脫幹幹淨。

　　　　　我看她癡眼朦冬〔註93〕在家等，

　　　　　到如今日高三丈未起身。

　　　　　喜鳳我心裡想想真氣憤，

　　　　　讓得我喊出賤人金秀英！

　　（自白）嗨！日高三丈哉，格短命賤娼根〔註94〕，到格歇還勒浪睏覺，讓我喊伊起來啊！

　　（白）秀英啊，秀英噯！格賤貨色！

　　（白）噯！

　　（白）恐出來！

　　（白）恐出來哉。

　　（白）客氣倒客氣垓。

　　（白）嫂嫂。

　　（白）嫂嫂、嫂嫂！倷阿見日高三丈麼，倷還勒浪打瞌充，倷實頭是個

〔註91〕旺琅旺琅：吳地方言，大聲喊或罵。

〔註92〕黃過過：吳地方言，黃顏色。

〔註93〕癡眼朦冬：吳地方言，沒有睡醒的樣子，喻糊塗、癡心。

〔註94〕賤娘根：吳地方言，罵人下賤。

福氣鬼啊！

（表）伊拿手打秀英。

（白）啊呀、啊呀……！嫂嫂，我老早〔註95〕起來格呀。

（白）僚老早起來坲？

（白）是啦格呀。

（白）老早起來，哪哈斸看見呀？

（白）我老早起來勒浪後頭做生活〔註96〕呀。

（白）大清老早起來有點啥生活做啊？

（白）彈棉花。

（白）彈棉花啊？今朝頭我匣斸撥倷棉花彈啊，倷拿啥物事來彈啊？

（白）嫂嫂。

（白）噯。

（白）嫂嫂，倷昨日頭撥我格呀。

（白）喔唷，倷格個賤娼根啊！倷格生活倒實頭經做〔註97〕佛！昨日子格棉花彈到今朝還斸彈完啊？

（表）伊又打了一記金秀英。

（白）啊！嫂嫂啊倷撥我多呀，八兩呀，我彈勿光呀！

（白）八兩有點啥啦！八兩麼就是半斤、半斤麼就是八兩。

（白）八兩多半斤少。

（白）一樣坲。

（白）噢。

（白）昨日子彈仔四兩，一個上半日已經全部彈脫啦哉！

（白）八兩麼一半呀。

（白）八兩麼一半！我彈一個上半日要四兩啦，格麼。彈八兩麼彈一日天工夫篤定〔註98〕彈好了。

（白）我勿是單單彈棉花呀。

（白）哪哈？

〔註95〕老早：吳地方言，早。

〔註96〕生（讀 san）活：吳地方言，活。

〔註97〕經做：吳地方言，活做得慢。

〔註98〕篤定：吳地方言，有把握、放心。

（白）我還要淘米，燒飯與〔註99〕雞、與鴨、與豬玀，才是我做格呀。

（白）唷、唷、唷……苦煞哉、苦煞哉、苦煞哉！才是㑏做、才是㑏做！撥別人家聽聽好聽？賽過我格阿嫂一日到夜勒浪虐待㑏，關照㑏，多做生活為㑏好，阿曉得？

（白）啥格好呀？

（白）將來㑏如果嫁到大家去，㑏勒浪娘家格點生活勿學會，拿勿出，要撥了夫家看勿起垓。

（白）嫂嫂。

（白）叫當媳婦、當媳婦，就格點苦惱，阿曉得？！

（白）啥格叫當媳婦呀？

（白）當媳婦麼隨便哪哈，隨便啥物事才要做垓。

（白）噢。

（白）做媳婦、做媳婦麼要早晨做起做到夜，夜裡做起要做到天亮。

（白）格麼㑏哪哈事體勿做啦？

（白）我哪哈會得勿做啦！

（白）噢……

（白）我現在了勿做呀，現在我讓撥㑏做呀。格辰光我嫁到俉篤〔註100〕屋裡向㑏還小了呀。

（白）噢。

（白）我是作孽哪！早浪做起做到夜，夜裡做起做到天亮。

（白）嗯。

（白）吃是嘸不份垓。

（白）噢。

（白）睏覺是嘎勿著〔註101〕，格麼實在要睏覺麼哪哈弄法〔註102〕呢？

（白）哪哈弄法？

（白）濟眼睛閉上麼，順眼睛睜開。

（白）兩隻眼睛才要閉攏來呢？

〔註99〕與：吳地方言，喂。

〔註100〕俉篤：吳地方言，你們。

〔註101〕嘎勿著：吳地方言，輪不到。

〔註102〕弄法：吳地方言，辦法。

（白）拿根茶葉梗子撐仔起來呢再做格呀。

（白）喔，真格啊？

（白）嘸不辦法，做媳婦就是格點苦呀！

（白）喔。

（白）倷現在好哉，倷現在勿做媳婦哉。

（白）啥格呢？

（白）現在叫當媳婦。

（白）啥格叫當媳婦呢？

（白）格恐貨色哪哈一點匼勿懂格呀！

（白）倷教我呀。

（白）教教倷！

（白）噢。

（白）當媳婦、當媳婦，嫁到男家去，就是當家人，格個就叫當媳婦。

（白）噢，嫂嫂呀。

（白）嗯。

（白）現在做媳婦是好了呀。

（表）不過閒話要講轉來埃。閒話阿對呢？對埃。女格嫁到男家去做當家人，富勒格家人家。叫女人身上搖錢樹，女兒屋裡聚寶盆。所以格個當媳婦呢，是好埃。

（白）倷格賤貨色！

（白）噢。

（白）人賤得來，阿曉得！

（白）噢。

（白）我來教教倷。

（白）曉得。

（白）倷看啊，早浪向起來到現在啊，肚裡向癟塌塌格呀，早飯匼勿去燒，倷成心想餓煞我！

（白）喔，我去燒。

（白）毫燥點啊！

（白）噢。

（表）金秀英到灶房裡。老底子阿嫂對格姑娘，平常埃。啥道理呢？叫

長嫂為娘，叫打是親、罵是愛。一日打三頓算便宜垓。現在格姑娘阿嫂真格好，姐妹少，姐妹一樣。金秀英心裡想，爺娘勒浪好過得來，真格吃格好，著格好。是垓，大佬倌勒浪，還好般般〔註103〕，大佬倌勿勒浪，我王小二過年，一年勿如一年垓。格麼還是快點去淘點米，燒好仔，阿嫂吃吃飽，我吃點粥，格麼拷起來匣好一點。「嗒」，拿仔淘米飯籮，走出灶頭間到河橋〔註104〕頭，「遝、遝、遝……」，走啊。

　　（唱）拿仔飯籮向前行，
　　　　　要到河邊把米淘。
　　　　　一路行來一路走，
　　　　　並無耽擱到河橋。

　　（表）並無耽擱到河橋口，米淘淘清爽，漓漓乾，要想回轉來。

　　花開二朵，各表一枝。拿麼我要交待，㑚麼勒河橋頭淘米，前頭過來一個腳色。

　　（自白）我名就叫錢化光，有格叫我「相白人」，有格叫我「白相人」，還有人叫我「白螞蟻」。只因拐賣女人露風聲，推板一點〔註105〕出毛病。現在風平浪又靜，今朝出來動腦筋！

　　（表）啥人？吳江當地算有名格鄉紳，叫錢化光。天曉得，一個字匣勿識垓，照樣作為鄉紳。格麼哪哈自作主做鄉紳？有銅鈿麼！伊銅鈿銀子一多，衙頭會得一個一個加撥俚。伊一想，販賣人口碰著一個硬塊頭〔註106〕，大半家人家敗脫。好來好去伊衙門裡向有點熟人，終算擺平。面壁思過兩個號頭，今朝頭隨便哪哈熬勿住哉。叫吃啥飯做啥事，伊㑚只會得做販賣人口格勾當。㑚再叫伊做其他格行當，勿會得垓。衙門裡向告狀，鬧得勿好，自家顆鎯頭〔註107〕匣勿保。鄉下頭麼，格種年輕格小姑娘匣蠻多垓，苦人家兒化多了。嘿嘿，現在走到金家莊，喔唷！一看前頭一個小姑娘，勒河灘頭淘米撥伊看見哉。喔唷，格個小姑娘漂亮！笑面桃花，看上去紅撲撲。格個小姑娘我匣要垓，撥我帶轉去做我格家主婆。嗨，就想到埃搭點麼……金秀英往准岸浪上來麼吃了一驚，如何？只有實嘎一條路，別個路嘸不垓。所以要緊跳仔上

────────────

〔註103〕般般：吳地方言，一般，勉強維持。
〔註104〕河橋（橋口）：吳地方言，河埠。
〔註105〕推板一點：吳地方言，差一點。
〔註106〕硬塊頭：吳地方言，來頭硬。
〔註107〕顆鎯頭：吳地方言，頭。

來，大路兒化遠了，伊跑得蠻快匣跑勿脫。

（白）哈、哈、哈……大姑娘！錢化光見禮哉。

（白）啊呀！

（表）門前頭實嘎一攔，倒一驚呀。金秀英心裡想啥事體啊？儕格個人我看著歇〔註108〕格呀！

（白）你、你怎樣？

（白）在下錢化光，阿曾〔註109〕聽見歇格個大名啊？

（白）齣聽見歇垓。

（白）今朝讓儕聽聽，我本人吳江鄉紳，名望顯赫。來到民間尋芳名，我看儕只面孔生得實嘎漂亮。

（白）嗯。

（白）做格種苦事生活。

（白）關儕啥事體呢！

（白）「哈、哈、哈」我看還是跟我轉去做我家主婆，跟牢我享不盡格榮華富貴，儕看哪哈？

（白）呀，吥！

（白）「哈、哈、哈……」

（唱）一把裏格扇子七寸長，

　　　一人扇風二人涼。

　　　你的臉蛋真漂亮，

　　　區區一看心花放！

（表）錢化光橫行不肖。伊要掰上來麼，金秀英急煞哉呀！好得面前還有法寶，哈格法寶？淘米籮。老底格淘米籮有個檔垓，蠻深垓，像帽子一樣垓。格麼我勿客氣哉！往准錢化光頭浪向一套呀。「沓、沓、沓……」回轉屋裡向。

那格事體勿靈哉，錢化光格頭麼齊巧小仔點，格只淘米籮齊巧大仔點，金秀英格眼光准仔點，齊巧套牢。格麼老聽眾儕想呢，格只淘米籮是從河裡向拎起來垓，裡向不但有米，還有水，濕嗒嗒了呀。拿麼現在套到錢化光頭浪麼勿靈光哉，格米啊、水啊往准伊頭頸裡向、鼻頭裡向、嘴巴裡向、耳朵裡

〔註108〕看著歇：吳地方言，看到。
〔註109〕阿曾：吳地方言，可曾。

向、眼睛裡向，「洇落洇落⋯⋯。」

（自白）喔唷、喔唷⋯⋯！呸、呸、呸⋯⋯。——

（表）淘米籮用力拿起來，揮脫。人賽過只鴨漣漣〔註110〕，啥事體？抖抖清爽麼阿對。倷去看格鴨漣漣，河裡向上來，板要實嘎一來，啥事體？抖抖清爽。等到格只淘米籮揮脫麼，格短命錢化光跳起來，倷倒實頭結棍〔註111〕啦！

（白）倷只賤娼根倷覅逃！我來格哉！

（表）「遝、遝、遝⋯⋯」一路浪向追過來。追到前頭一看——

（白）啊哼！

（表）只看見前頭立好一個女人。錢化光心裡想倷倒匣有逃勿動格日腳垓！現在嘸啥客氣，拿把扇子往准頭頸裡向「啪嚓」一插，老聽眾熟記垓，往頭頸裡向插扇子格人啦，格辰光，現在勿曉得，格辰光才是丘人〔註112〕。現在勿好講，作興到有人歡喜插勒頭頸裡。伊扇子往准頭頸裡向一插，要來�格個女人，格麼倒底阿曾�牢呢？

（唱）讓我晚生停一停，
　　　下回之中再孝敬。

第三回　惡嫂施計

（卷前曲）
手提鳴尺響起來，
奉請諸位靜下來。
人說道千勿難來萬勿難，
人生一世做人項項難。
兩個老娘娘〔註113〕今朝街浪來，
屋裡向孫子孫囡追出來。
娘娘、娘娘叫上來，
阿有啥小吃物事帶轉來？
娘娘實在真苦惱，

〔註110〕鴨漣漣：吳地方言，鴨子。
〔註111〕結棍：吳地方言，厲害。
〔註112〕丘人：吳地方言，壞人。
〔註113〕娘娘：吳地方言，奶奶。

身邊嘸不勞篤板〔註114〕，勿有物事帶轉來。

孫子孫囡娘娘格背包倽一推來我一扳，一隻拎包才扳坍，

勒浪小人〔註115〕面上做人難。

要說道做人難倒勿算難，

有兩位嫂嫂做人交關會。

屋裡向男人有時男客來，

嫂嫂廚門打開來。

廚裡嘸不啥小菜，

腦筋一動辦法來。

先燒幾只鹹鴨蛋；

再弄幾只煎滾蛋；

到田裡斫〔註116〕點小青菜；

街上買點熟小菜；

一桌豐盛酒菜倒勿推扳〔註117〕。

小晚生做人兩字唱勿盡，

篤落開文正卷開。

　　（表）金秀英一路逃回屋裡向。劉喜鳳看見金秀英回轉來，勿見淘米籮，就問哉。金秀英對嫂嫂講，實嘎長，實嘎短。因此伊奴叉起格腰，哼！倽來吃吃我，我匣吃勿脫！剩勒浪，死勿脫！

　　錢化光追到門口一看，見前面立好一個女人，轉念頭倽倒匣有逃勿動格日腳垓。嘸啥客氣，扇子往准頭頸裡向「啪嚓」一插，連動作帶聲音一道上，那倽逃勿脫格哉！「豁啷當」一把將大姑娘搨牢。搨牢個女人嗳！啥人呢？勿是金秀英，是劉喜鳳。錢化光背後頭搨上來麼，當仔老相好來哉呀。

　　（白）哇唷娘，殺倽格千刀！

　　（表）錢化光一聽聲音勿對了佛，搭剛剛格喉嚨兩樣哉。剛剛喉嚨清脆，現在格條喉嚨聽上去比較粗，外加帶一點風騷腔。伊奴格只手拿俚來一分一

〔註114〕勞篤板：吳地方言，錢。

〔註115〕小人：吳地方言，小孩。

〔註116〕斫：吳地方言，割、砍。

〔註117〕推扳：吳地方言，錯。

看麼，喔唷，實頭格猜牲〔註118〕格殺千刀。不過好來好去格個腳色面板倒蠻厚埃。

　　（白）喔唷、唷、唷……格算啥名堂呢、格算啥名堂呢！啊喲，拿麼真格勿好意思哉！

　　（唱）我是啟口嫂嫂來叫一聲，
　　　　　錢化光做事勿應當。
　　　　　丫頭逃進自府門。
　　　　　追看丫頭到村莊。
　　　　　拿俙當作小丫頭，
　　　　　搿牢俙嫂嫂太荒唐。
　　　　　門口當面賠個禮，
　　　　　還望原諒兩三分。

　　（唱）叫俙一聲錢老闆，
　　　　　搿牢我也嘸所謂。
　　　　　初次登門金家莊，
　　　　　奴家敬你茶一杯。

　　（唱）初次見面就叨光，
　　　　　想想有點難為情。
　　　　　今日招待真周到，
　　　　　來日登門再補情。

　　（白）哈、哈、哈……！

　　（白）喔唷啊，錢老闆，俙客氣哉。叫一朝生麼二朝熟，三朝便是自家人哉呀！

　　（白）真是、真是。

　　（白）俙初次登上金家莊，喔唷俙裡向來，裡向來呀！

　　（白）喔唷，我勿客氣，放肆了，討惹厭〔註119〕埃。

　　（表）一帶帶到自家內房。喔唷，格只房門佈置得相當漂亮。裡向櫥是櫥、箱是箱，被頭面子噴噴香，格只床浪向佈置得交關漂亮。邊浪向靠背椅格靠背椅，茶几格茶几，兩個人一到房間裡向麼——

〔註118〕猜牲：吳地方言，牲畜。
〔註119〕討惹厭：吳地方言，討厭。

（白）呀，阿嫂，請坐。

（白）俀先坐，我去倒杯茶。

（白）謝謝俀。

（表）劉喜鳳「沓、沓、沓……」，到外頭倒仔兩杯茶，一杯是糖茶，一杯是茶葉茶，端到裡向房間裡，門「嘭」一關。

（白）叔叔有請，放勒臺子浪呀。錢老闆呀，先吃甜茶，叫甜甜蜜蜜。

（表）哈唒，一看格個女人，一路〔註120〕講閒話，一路格雙媚眼「爍、爍、爍」，勿得了格迷眼爍過來。格錢化光倒有點混淘淘哉呀。看上去格女人匣勿是個物事。

（白）喔唒唒，大嫂嫂，俀實頭要想甜牢我佛！

（白）勿知阿甜得牢呀，我放仔三兩半糖了呀！

（自白）啊唒死快，要甜煞快哉！

（白）格是實嘎濃、實嘎甜，肯定甜得牢垓！

（白）啊？

（白）我來嘗嘗看。

（白）俀嘗嘗看。

（表）半杯子糖茶吃脫，往准臺子浪向一放。叫吃到嘴裡，甜到心裡。

（白）不過甜得哪哈佛？

（白）喔唒，真格甜得來我有點迷迷糊糊格哉。

（白）啊！

（白）哈、哈、哈！

（表）錢化光心裡想，吃仔別人家格茶，坐仔別人家格凳子麼，終歸匣要摸摸俚篤格只底佛。

（白）大嫂嫂。

（白）噯。

（白）想我初來慢到，勿曉得姑娘阿嫂。埃搭的是啥格村莊？俀高姓大名倒要請教哉？

（自白）來哉，正戲開場哉！

（表）劉喜鳳眼睛睞睞睞，睞出二滴眼淚呀。

（白）錢老闆啊。

〔註120〕一路：吳地方言，邊。

（白）噯。

（白）倷問我麼，我是苦命人呀！

（白）怎樣？

（白）我搭倷自家人麼，講講家事吧。

（白）已經變自家人格哉！蠻好蠻好。

（表）兩個人身體拉近哉。

（白）錢老闆啊，倷聽好好啊。

（唱）叫倷一聲錢老闆，聽我一一講家情，

　　　劉喜鳳本是苦命人。

　　　嫁到金家莊，丈夫故三春，

　　　公婆去世苦伶仃。

（唱）聽罷嫂嫂一番話，實在是真苦惱，

　　　年紀輕輕就苦辛。

　　　你還年輕，何必守空房，

　　　何不尋個意中人。

（白）錢老闆啊。

（白）噯。

（唱）遠到橋口近灶頭，誰要寡婦身，

　　　瞭簷底落矮三分。

　　　看來我劉喜鳳，孤苦又伶仃，

　　　守牢靈台過一身。

（白）唉！

（唱）叫一聲好嫂嫂，

　　　聽我拿厲害關係講清爽。

　　　大人家〔註121〕來守寡家中有金銀，

　　　一隻將來年紀一大有人來侍奉。

　　　小人小家〔註122〕苦萬分，

　　　做做吃吃過光陰。

　　　一隻將來年紀大，端茶送水靠啥人？

〔註121〕大人家：吳地方言，有錢人家。
〔註122〕小人小家：吳地方言，無錢人家。

阿要我區區搭俚做媒人。

（自白）前後嘸不半個時辰，搭我做媒人哉，變自家人哉。

（白）格麼我倒歡喜弄堂裡撥木頭垓，直來直去，石頭浪攢烏龜硬碰硬。

（白）覅客氣。

（白）錢老闆啊。

（白）噯。

（白）我倒搭俚自家人講實話，我要麼勿嫁，嫁得要像俚格種人。

（自白）喔唷，鈎子法門已經上哉！伊奴要想像我格種人佛，啊呀好佛。

（白）格麼阿嫂，勿是講聲，我錢化光，吳江鄉紳，匣算小有名聲，確實賒家當格人。說句實話，叫小巫見大巫。拿麼俚想呢，我搭俚介紹出來格人，阿會得推板垓？至少屋裡向房子家當……

（白）嗯？

（白）就是要搭一式一樣。

（白）好垓。

（白）叫九進九開間。

（白）不得了！

（白）阿敞樣〔註123〕？

（白）敞樣垓！

（白）花園、樓台……應有盡有。

（白）我歡喜垓。

（白）外加俚篤屋裡向六親無靠。叫上無老了下無小，橫多裡〔註124〕向弟兄匣嘸不垓。

（白）我愛垓。

（白）阿是說要招搭我一樣……

（白）靈垓。

（白）外加俚今年年紀二十八歲。

（白）噢。

〔註123〕靈光（靈）：吳地方言，好，不錯。
〔註124〕橫多裏：吳地方言，旁邊。

（白）搭我匣是⋯⋯

（白）匣是一樣格呀？

（白）非但實嘎，外加俚格長相，身浪格穿著，匣是搭我⋯⋯

（白）一式一樣。

（白）居然實嘎，我搭倷格媒人做得格⋯⋯

（白）一式一樣。

（白）倷哪哈才曉得垓？

（白）啊呀，倷上聯我下聯，我對出來格呀！

（白）喔唔，實嘎說起來，我搭倷兩個人叫一搭一檔——

（同白）一吹一唱！

（白）倷看看？

（白）嗯。

（白）我搭倷提供格個人來，倷心中浪向哪哈光景？

（白）格劉喜鳳腦子倒搭俚一樣勒浪轉。

（自白）人好垓，啥事體？我勿是看中倷格人，我看中倷格銀子。錢化光是吳江城裡向格鄉紳，只要倷有雪白格銀子，我就可以過好格日腳。不過我嫁撥倷，跨出去看勿清爽，麭駝子跌跤頭勿著實。喔、慢、慢、慢⋯⋯

（白）錢老闆啊。

（白）噯。

（白）勿來垓？

（白）哪哈勿來垓？

（白）屋裡向倷曉得是守寡。

（白）為點啥？

（白）我條命硬勿過呀！

（白）喔唔，倷命硬垓？

（白）是嘞。

（白）啊呀，硬到哪哈？

（白）硬到⋯⋯

（白）嗯？

（白）拿麼我年輕辰光算過命垓。算命先生算仔命麼倒老老實實告訴垓。

（白）喔。

（白）我命宮〔註125〕裡向克男人！

（白）阿要克幾化？

（白）說克到八十八呢？

（自白）要死快哉，克到格許多男人呢！格貨色倒實頭會克了佛。

（表）錢化光看看伊奴，我看儕嘸不哈格湯水勒嗨佛。

（白）格麼別樣嘸不啥，輪著我第幾個呢？

（白）輪著儕齊巧第二個，正好。

（自白）要死快了！

（白）格麼呢，大嫂嫂，勳去害哈格人哉。

（白）嗯。

（白）我講格一式一樣格「別人」，勿是別人，就是我！

（白）好！

（自白）阿真格我條命克格許多男人啦？實則呀，存心探探呀，我就看看伊阿是真心。喔唷，慢、慢、慢，終身大事非兒戲，我要再試試，三思而行。

（白）錢老闆呀。

（白）嗯。

（白）還勿來格呀。

（白）為點啥？

（白）我倘然嫁撥儕，辱沒門風，我要搭儕找無趣埃。

（白）喔，賽過寡婦門前是非多，瞭簷〔註126〕底落矮三分埃。

（白）咳。

（白）格麼實嘎好哉，我搭儕攀門親眷儕看啊哈？

（白）攀門啥格親呢？

（表）格麼錢化光啊，儕牙齒作作齊〔註127〕哪。

（白）儕屋裡向麼阿有格個伲子啊、囡圄〔註128〕啊、兄弟啊、姐妹啊……？

〔註125〕命宮：吳地方言，命。
〔註126〕瞭簷：吳地方言，屋簷。
〔註127〕作作齊：吳地方言，意思講話要有分寸。
〔註128〕囡圄：吳地方言，女兒。

（白）殺倈格千刀！寸堂椽子軋轎檔〔註129〕，上轎推煞，下轎拖煞。

（白）呀，哪哈道理啦？講講要罵山門〔註130〕了。

（白）我嫁撥伲小倌人，三年工夫我一個小囡齣養垃。

（白）喔，倈一個齣養垃。

（白）肯定嫁撥仔一打，一打齣養垃。

（白）啥物事，倈軋姘頭倒屬害啊！

（白）因為我叫倈吃一打格糖湯茶呀。

（白）要死快哉！一打糖湯茶我歡喝煞脫！

（表）實嘎閒話講起來出仔漏洞了哉。

（白）格麼實嘎，倈小輩嘸不麼，倈弟兄姍妹阿有個把呢？

（白）有垃。

（白）有垃？

（表）劉喜鳳心裡想，聽到現在我聽出來哉。喔，勿是看中我格黃臉婆，是看中裡向格眼中釘。我嘸不小輩我要為老來著想，老來啥格白相麼要銀子，有仔銀子麼好叫別人服侍垃，嘸不銀子到老起來要苦垃。格麼哪哈呢？賣賣脫麼算哉！

（白）喔唷，錢老闆啊！

（白）噯。

（白）伲格姑娘今年十六歲，叫金秀英。

（白）嗯。

（白）面孔標緻得勿得了，金家莊上一隻鼎！

（白）喔唷，格只金鼎啊！

（表）隔牆有耳，金秀英忙好仔生活回到房間，齊巧聽到兩人格閒話。

（自白）嫂嫂，我已經嫁人哉。嫁撥蘇州陳家哉呀，老門撥脫哉。

（白）格個麼……

（表）錢化光心裡向轉念頭，大概剛剛我追得米格就是格個小姑娘。格麼今朝若得配格門親，銅鈿銀子好物事。

（白）嫂嫂。

（白）噯。

〔註129〕寸堂椽子軋橋檔：俗語，舊時抬轎子用寸堂椽子，意思做事不適當。

〔註130〕馬山門：吳地方言，罵人。

（白）既然實嘎麼，我倒有個辦法呀。

（白）啥格辦法呢？

（白）嫂嫂啊。

（唱）倒不如秦晉之好結一門，

　　　你將你姑娘配與我錢化光。

　　　我可以時常帶她回轉娘家門，

　　　暗地裡與你結私情，瞞過眾人的眼睛。

　　　就算姑娘早配親，大不了奉還聘金來退親。

　　　銀子一切我擔承。

（白）錢老闆啊。

（唱）你有銀兩好辦事，

　　　軋實會鈿嘸虛情。

　　　去了另頭為整數，

　　　紋銀只要三千整。

　　　抬了轎子我家來，

　　　新娘就可到你門。

（唱）待等三天好良辰，

　　　花轎前來抬新人。

（白）錢老闆啊。

（白）嗳。

（白）實嘎阿好，定一個吉時，三日工夫倷抬銀子交撥我，新娘子撥了倷。

（白）蠻好，一準！

（同白）一同此准！

（表）兩個人商量定當，現在三天已到，拿三千兩銀子格身價去買得金秀英。勿曉得金秀英齊巧聽得清清楚楚，金秀英想想阿嫂倷實頭格辣手啊！倷要拿我賣脫，格麼沽勒浪遇有啥味道呢！實嘎吧，等到阿嫂夜頭漫黑睏覺⋯⋯

　　拿麼哪，要說格金秀英連夜跳窗，往准外勢出去，到仔外勢要到蘇州去尋格小倌人。格屋裡住勒哈場化勿曉得。但是呢金秀英畢竟勿是讀書人，現在講起來地圖浪向看。蘇州格地方勒浪吳江格北面，格麼我只要依仔格顆北

斗星，就可以直接往准姑蘇而去。讓伊嘸逃走脫，我拿俚篤開〔註131〕。眼睛一眨，辰光倒過得蠻毫燥。

（唱）三天日腳到來臨，

　　　　錢化光抬了轎子來迎親。

（表）今朝錢化光滿身擦括全新。頭浪戴起紗帽，身浪穿起紅袍，腰拴玉帶，粉底皂靴，格個名堂就叫三日嘸大小。轎子行來，吹吹打打，到門口頭場角浪，轎子停穩麼，錢化光舉手來敲門，「篤、篤、篤」。

（白）嫂嫂，開門，嫂嫂，開門。

（表）裡向劉喜鳳急煞哉。二更天看看新娘勒嗨，三更天嘸不哉。格女人聰明垓，急中生智，想出個辦法來，強作鎮靜到門口頭，門閂撥脫，門「嗒」開開來。

（白）叔叔啊。

（白）哦，喔唷！

（白）喔唷，倷神氣來！

（白）今朝頭倷打扮得匣漂亮垓！

（白）喔，裡向來、裡向來！

（白）來、來、來……

（白）坐啊、坐啊……

（白）喔唷勿得了！

（白）吃點麼瓜子，吃點長生果麼常常利事〔註132〕，吃點棗子麼早生貴子。

（白）好口彩、好口彩！

（白）啊呀，自家人哉，坐啊、坐啊。

（白）噯，格個嫂嫂。

（白）嗯。

（白）倷麼清湯水清豁豁〔註133〕，匣麌登勒屋裡向哉，搭我一道過去，等歇〔註134〕我來敬倷三杯美酒。

〔註131〕篤開（篤落）篤：吳地方言，丟開。
〔註132〕利事：吳地方言，吉利。
〔註133〕清湯水清豁豁：吳地方言，喻孤單單一個人。
〔註134〕等歇：吳地方言，等一會兒。

（白）好垓。

（白）我好好格要謝謝你了。

（白）好垓。

（白）格麼現在辰光勿早哉，毫燥點請新娘子出來啊。

（白）啊呀，慢哪。

（白）哪哈？

（白）叫心慌勿好吃熱豆腐垓。

（白）啊？

（白）咳。當心熱格豆腐燒勒浪，俫吃勒嗨，聽好哪哈吃法。

（白）燙壞嘴格呀。

（白）俫撥我銀子，我叫俚篤姑娘上俫格轎子。

（白）喔唷。

（自白）老早端正好哉。匣勿是多啊，三千兩銀子呀，無所謂垓。

（表）錢化光派頭格麼叫大，三千兩銀子往准臺子浪向一放。

（白）喏，銅鈿銀子先撥俫，那俫請新娘子出來。

（表）票子新垓。叫新新新，布衫褲子剩二條筋。哪哈新法？三千兩銀子打三張銀票呀。阿是肉痛啦？俫格個人阿有道理啦？打發脫幾千元銅鈿呀，俫哪哈縮勒後頭哉呀！劉喜鳳拿三千銀票往袖子管裡一塞，伊俫只面孔格辣一板。

（白）喔唷，錢老闆啊。

（白）噯。

（白）啥人嫁撥俫麼真是好福氣。

（白）就是佛。

（白）咳。我話喊〔註135〕伲姑娘垓。因此昨日三更裡已經到俫格搭了。

（白）啊？昨日三更天已經到我格搭啦？

（白）嗯。

（白）喔唷勿靈光哉，逃走脫了哉！

（白）格個事體倒難我。下趟轉來麼我叫俚來啊。

（自白）喔唷唷，俫倒實頭結棍〔註136〕了佛！我曉得垓，小姑娘齗逃走

〔註135〕話喊：吳地方言，說話、告訴。

〔註136〕結棍：吳地方言，厲害。

脫，倷麼拿我格銅鈿銀子騙脫。倷裝得倒蠻像垓。

（白）倷要想做「仙人跳」〔註137〕阿是？！

（白）啥人講格呀！

（白）銀子拿出來！

（白）哈！笑話哉！倷來吃吃我哉！我劉喜鳳匣吃勿脫剩勒浪，死勿脫挺勒浪，倷吃吃我格寡婦！啊呀，我個爹爹娘！

（自白）啊呀，拿麼要死哉！著地攤〔註138〕格個事體倒蠻討厭。現在隔壁鄉鄰全部顯出來，我一桿子倒吃勿光。況且我還要拿轉格張銀票了呀。腦筋一動麼，有哉。

（白）啊呀阿嫂，倷麼能嘎〔註139〕做得出來啊！我搭倷自家人呀，有閒話好商量格呀。倷匣嘸不垓，拿個姑娘放仔逃走脫哉，倷勿好弄松〔註140〕我垓。倷要銅鈿銀子幾化，倷儘管開口。三千五千倷講好哉，倷盡管開口！

（白）倷勿好實嘎講格呀，我格人麼服軟勿服硬垓，倷硬碰硬麼我就火急。

（白）喔。

（白）咳，我格銀子就是倷垓，倷格銀子就是我垓。別人家講垓，叫一夜夫妻百夜恩，二夜夫妻海樣深的了。我全家囉樣〔註141〕嘸不麼，倷看格只廳浪，佈置得阿好？櫥櫃桌子兩邊分，當中紅氈毯。我已經鴛鴦結才打好哉呀。

（白）喔唷。

（白）紅綠牽巾〔註142〕我才準備好了，倷看阿靈啊！我搭倷暗拜堂養個暗伲子！

（自白）碰著點合勒嗨！暗拜堂還想養個暗伲子！不過閒話要講轉來，現在我格銅鈿銀子撥了俚，倘然今朝勿留勒俚屋裡向，我要撥俚吃脫垓。今朝頭匣勿客氣，留勒屋裡向，到辰光拿老酒灌醉俚，拿俚格銅鈿銀子抽脫，格是我格錦囊妙計！

〔註137〕仙人跳：吳地方言，一種騙人的勾當。

〔註138〕著地攤：俗語，不講道理。

〔註139〕能嘎：吳地方言，多麼、那麼。

〔註140〕弄松：吳地方言，捉弄人、算計人。

〔註141〕囉樣：吳地方言，哪一樣。

〔註142〕紅綠牽巾：舊時拜堂成親男女相牽的帶。

（表）實嘎樣子一來，錢化光同劉喜鳳格二個人物，朝後落去〔註143〕勿知哪哈佛。

（白）幹呀！現在哪哈呢？啊，格麼來，來、來、來……格麼匣就實嘎樣子了佛。阿是啦？嘸不辦法哉。

（白）叫轎子回轉。

（白）來、來、來……俫去辛苦忙碌，我來叫轎子回轉去。

（表）拿麼要緊到外勢。

（白）喂，各位轎班公。

（白）哪哈？

（白）勿好意思啊。

（白）啊？

（白）新娘子今朝身體勿好。

（白）喔，現在哪哈？

（白）勿好嫁出門。

（白）喔，曉得。

（白）俉篤轎子先回轉去，明朝頭到我屋裡向結帳，一點匣勿會得缺俉篤垓。

（表）「沓、沓、沓……」俚篤麼回轉去。有個叫阿大，轎班裡向一個領班人。

（白）阿三。

（白）噯。

（白）俫搭我死過來。

（白）噢，死過來。

（白）俫剛剛答應錢化光點啥物事？

（白）新娘子有點勿適意〔註144〕，叫俉伲回去，銅鈿照拿，輕輕鬆鬆哈格勿適意。

（白）喔唷，俫倒實頭會得輕輕鬆鬆垓？！

（白）啥物事？

（白）僚倒想適意啊？

〔註143〕朝後落去：吳地方言，以後、往後。
〔註144〕適意：吳地方言，舒服。

（白）嗯。

（白）格麼哪哈？

（白）哪哈？

（白）格頂哈格轎子？

（白）紅燈花轎。

（白）紅燈花轎！

（白）嗯。

（白）空轎出進。

（白）嗯。

（白）明年整個轎行裡向一年生意要嘸不垓，銅鈿麼俫算。

（白）喔唷，我倒勿曉得。俫慢點，我來去尋個女人！

（白）嗯，俫去尋個女人來。

（表）阿三「遢、遢、遢……」跑進金家莊。老底格女人啊嘸不出來咳。叫女十八嫁，男十八要浪，八十八歲要天花唱、地花唱唱得來呀。嘸不女人拿麼急煞我哉。走到橋跟頭，齊巧看著一個老好婆。

（白）哈哈！

（表）格老好婆阿有幾歲？格老好婆今年六十四歲。做人家〔註145〕格人，養仔幾隻雞，拿麼生仔一髧格蛋。今朝頭聚聚麼有一籃子。到街浪向去麼好調點來糧，孫子麼要搭俚揀雙鞋子，才要照伊格牌頭〔註146〕垓。做人家人，鄉下頭要往街浪來，老法頭有格乘航船垓，格二個阿姨、孃孃說。

（白）好婆啊，俫坐仔航船了去吧。

（白）坐啥格航船呀，跑跑麼好哉，做人家垓。

（表）勿曉得從橋浪向下來，格只腳別著一別〔註147〕，拿麼要死哉，回轉去吧勿捨得，到街浪去麼腳酸跑勿動。所以勒浪揉格只腳麼，一邊勒浪罵山門。

（白）唉！格晚短命死人橋！哪哈勿修修好麼！哈格前世事〔註148〕喔，活裡活絡！拿麼哪哈弄法呀！

〔註145〕做人家：吳地方言，節儉。
〔註146〕照伊格牌頭：吳地方言，靠這個。
〔註147〕腳別著一別：吳地方言，腳崴了。
〔註148〕前世事：吳地方言，怨言。

（白）好婆嗳。

（表）眼睛勿好，到仔面前看清爽哉。

（白）喔唷！抬轎子格阿叔。

（白）嗯。

（白）今朝有啥事體啊？

（白）啊呀，伲轎子空轎呀。好婆倷只腳別壞，阿要抬倷去？

（白）阿是抬伲到城裡向去？

（白）嗯。

（白）喔唷，有趣煞哉！格麼唔奴老太婆匣開開葷吧！

（白）噢。

（白）坐坐轎子。

（白）噢。

（白）喔唷，我年紀大哉，到哈地方匣弄勿清爽垓。

（白）喔，好婆，年紀大哉，實惠垓。

（白）啥，尪出銅鈿垓？

（白）是垓。

（白）喔唷，罪過煞哉！

（表）格老太婆開心煞哉，尪出銅鈿最開心。拿麼伊要緊跟仔格小夥子往准前頭過來，一看，喔唷！

（白）阿叔啊！

（白）嗳。

（白）格頂轎子能嘎趣〔註149〕啊！

（白）紅燈花轎，新娘子坐垓。

（白）喔！格頂就叫紅燈花轎？

（白）是格呀。

（白）靈是靈得來，我老太婆從小到大，從來嗰坐著歇轎子。

（白）格麼蠻好，坐啊。

（白）坐了，阿叔。做新娘子格辰光嗰坐著轎子垓。

（白）做新娘子倷勿坐轎子坐啥物事呢？

（白）坐了一隻赤膊船！

〔註149〕吳地方言，漂亮，好看。

（白）骨碌篤、骨落篤……搖麼搖得慢是慢得來！

（白）嗯。

（白）搖到半路浪向麼落大雨哉！

（白）喔。

（白）勿知哈格算命先生倷格種短命日腳變「有進水」！

（白）喔。

（白）我老太婆苦到現在哉。

（白）喔。

（白）今朝頭倒讓倗奴〔註150〕坐坐轎子。

（白）格麼好婆。

（白）噢。

（白）倷快點坐進去吧。

（白）倷搭我格籃雞蛋拿拿牢。

（白）曉得，我來搭倷拿牢。

（表）現在老太太開開心心坐進轎子。拿雞蛋放到轎面浪向麼，阿大響勿落〔註151〕呀。

（白）阿三啊。

（白）噢。

（白）倷倒實頭有道理垓。

（白）反正女人麼。

（白）抬個老太婆啊！

（白）噢。

（白）有道理，終歸是女人。

（白）對垓。

（白）勿錯。

（表）轎門頭下一下，轎架子搭一搭。

（白）阿三搭倗篤，大家要做做規矩垓。

（白）對垓。

（白）否則觸黴頭垓。

〔註150〕倗奴（倗）：吳地方言，我。
〔註151〕響勿落：吳地方言，說不出。

（白）是垓。

（白）阿三、阿四轎子往前伸！

（白）噢。

（白）喂，大家阿曾準備好？

（白）齁。

（白）夠要緊關子拖到俉格浪算啥物事。

（白）噢，上！

（白）噢，上！

（白）轎子往前伸啊！

（白）往前伸啊！

（同白）啊，起啊！

（同唱）妹妹你坐轎中，哥哥在邊上走，恩恩愛愛轎子蕩悠悠……

（表）格老太婆嚇煞哉。阿要拿我賣搭了勿知算啥格物事經？格頂短命啥格死人瘟轎子！我夠坐哉、我夠坐哉！毫燥停下來吧，我嚇煞哉！

（表）「隆格咚」往仔轎子裡向遷出來，一籃雞蛋才敲碎。老太太平常百日〔註152〕做人家朋友呀。一籃雞蛋敲碎，那裡勿成功哉呀。

（白）勿成功垓、勿成功垓……！實嘎一來我一籃雞蛋才敲碎脫了呀！轎頭子唉。

（白）喔，一隻雞蛋賠二隻！

（白）格個倒夠去講伊。

（表）聽到匣實嘎講，額骨頭〔註153〕！實嘎樣子——來吳江到哉。拿麼我一鼓作氣要交待金秀英，到姑蘇尋夫，小夫妻何處相會？

（唱）讓我晚生停一停，
　　　　等歇書中再孝敬。

第四回　秀英被害

（卷前曲）

小小角魚紫檀雕，

小晚生輕輕咚咚敲一敲，敲得角魚有功勞。

你看那善男信女把香燒，

〔註152〕平常百日：吳地方言，平時。
〔註153〕額骨頭：吳地方言，運氣好。

老爺菩薩來保佑。

家家戶戶福氣好，

人人都有金元寶。

小晚生好格兩字唱不盡，

篤落閒文唱正本。

　　（表）金秀英逃出吳江金家莊，現在要到蘇州去尋找小倌人。格麼人生地勿熟，伊倽哪哈尋法子呢？小姑娘蠻聰明垓，只要頭子活絡，鼻頭底落有張嘴，吳江可以問到京城。一路浪依仔格顆北斗星，往準姑蘇方向行。千勿怕、萬勿怕，就是怕碰著啥壞人。正巧碰著個人輕小夥子，格個事體蠻討厭。現在走過來到前頭一看，前頭一塊橋叫啥？格塊橋叫寶帶橋。勒浪寶帶橋格南面，有一對石獅子。石獅子裡向，有一隻涼亭。金秀英想讓我到涼亭裡向去醒醒力〔註154〕吧。現在時辰已到三更。勿曉得剛剛要想進去麼，齊巧看見暗影格口子裡，「剎」一條黑影子晃進去。金秀英一嚇，往准石獅子背後頭一看。

　　格麼格個進去格朋友啥人？陌生人勿用交待垓，勿是別人，就是陳文虎。陳文虎來尋找家小金秀英。伊倽出來，已經好幾日哉。今朝頭方能夠來到寶帶橋，涼亭裡一坐，拿麼伊要醒醒力。現在拿包往准臂彎浪向放一放。格讀書人有格習慣垓，啥格習慣？伊倽勿讀書，習慣自言自語。

　　（自白）唉！金秀英啊金秀英，你可知曉，我在那裡尋找於你！

　　（唱）風送聲聲三更過，

　　　　　陳文虎涼亭之中嘆終身。

　　　　　從小早配娃娃親，

　　　　　住在那吳江北門金家村。

　　　　　到如今十數年來少通訊，

　　　　　但不知秀英的光景如何怎？

　　　　　左思右想心不寧，

　　　　　秀英啊你不知是死還是生？

　　（白）呀！

　　（唱）聽罷涼亭嘆心事，

〔註154〕醒醒力：吳地方言，休息恢復體力。

不由秀英喜在心。

文虎啊可知秀英到姑蘇，

到得那涼亭外邊見郎君。

嫂嫂逼我嫁別家，

秀英我半夜三更逃出門。

多蒙蒼天來相助，

我與你天賜良緣在涼亭。

（白）唉！秀英不知說她作甚！

（白）唉！

（唱）眼看東方天將明，

　　　還是早早來動身。

（自白）陳文虎想，我勒涼亭裡向，一桿子自言自語，金秀英根本聽勿著，還是早點搭俚碰頭。辰光勿早哉，天快亮哉，走吧。

（表）所以包裹一拎，立起身來，往准涼亭外勢走出來。

俚走出來麼，秀英急煞哉呀。啥事體？我來搭俚碰頭。一急，事體才要歪脫。格麼俚要出聲音格呀！格天濛濛亮麼，有陣暗坆。老孃孃六十歲以外才曉得，有句話叫「偷牛暗」。為點啥叫「偷牛暗」？有古典坆。明朝開國皇帝朱元璋窮苦辰光偷仔只牛，場怕撥別人家看見，所以求格天阿好能夠暗一暗。拿麼伊俚是金口，天就暗了。格個叫「偷牛暗」，所以流傳到現在。介落〔註155〕有陣暗坆。秀英「嚓」，到涼亭裡向，文虎還齣看見伊，拿麼伊俚出聲音哉。

（白）哥哥！

（白）啊！

（表）陳文虎一嚇得來呀。啥？我到東到西碰著女人坆。不過對准格個小姑娘一望，雖然黑頭裡向光線勿清爽，但是看得出坆，格個人慈眉善目，勿像壞人。啊呀，夜頭漫黑，蹲勒涼亭裡向，倘然碰著壞人，齣出啥事體。我來問問看。

（白）我道是誰，原來是一位小娘子。

（白）嗯。

（白）莫非迷失路途？小生送你回去。

〔註155〕介落：吳地方言，所以。

　　（表）大小姐想，勿認得男人垓。想勿到小倌人人品好，人格好，相貌好，三樣才好。叫十全十美十樣好。金秀英看勒眼裡，喜勒心裡。問我啥，阿是迷失路途。看著我勿骨頭輕，俙骨頭蠻重垓。格麼我告訴俙屋裡格場化，俙應該曉得垓。

　　（白）噢，公子。

　　（白）姑娘。

　　（白）我姣勿是迷失路途。

　　（白）居然勿是迷失路途，叫我作啥？

　　（白）公子啊！

　　（唱）小女子名叫金秀英，
　　　　　家住吳江金家村。
　　　　　爹爹名叫金仁忠，
　　　　　哥哥名叫金寶根。

　　（白）公子啊！

　　（唱）自報家門為哪椿，
　　　　　莫非是涼亭遇見金秀英？
　　　　　同轉身來姑娘問，
　　　　　怎會在此小涼亭？
　　　　　為何不在家中蹲，
　　　　　要到何處尋何人？

　　（白）啊，公子啊！

　　（唱）奴家從小配姑蘇，
　　　　　丈夫名叫陳文虎。
　　　　　可恨嫂嫂來逼婚，
　　　　　我半夜逃出尋丈夫。
　　　　　來到姑蘇涼亭裡，
　　　　　聽到夫妻嘆孤苦。

　　（白）噢！

　　（唱）聽罷秀英一番話，
　　　　　果然是秀英尋我到姑蘇。
　　　　　她說道嫂嫂將她另許婚，

想不到夫妻相會衷情訴。

誠心誠意將我尋，

小腳伶仃到姑蘇。

待我上前將妻認，

認了妻房同回府。

（自白）我道是誰，未婚妻！毫燥點讓我來認！慢慢，橫勢〔註156〕天齣亮，有心嘎〔註157〕讓我問問道理呢。

（白）姑娘。

（白）噯。

（白）你家未婚的丈夫叫文虎，你可知道他家的兄長叫什麼名字？

（自白）場怕〔註158〕我冒牌。我好得曉得垓，倻格大佬倌名字勿曉得，我哪哈好到姑蘇來尋倻呢？！

（表）因此金秀英不慌不忙。

（白）啊，公子。你家哥哥叫陳文龍。

（白）這個！……如此說來，果然是我格未婚妻！

（表）夫妻相會在涼亭，恩情之話講勿盡。辰光蠻毫燥，天已經亮哉。航船一到，陳文虎要緊帶仔家小，坐仔航船，一路往准姑蘇而來。現在到仔葑門陳家莊，進自家大墻門。第一樁事體，先要緊來見一個人，啥人？老太太。

格位老太太急得勿得了，伲子出去幾日天哉呀。現在聽見來哉，開心煞、快活煞！要緊喊到裡向，一看，小伲子噱頭倒蠻好，領仔個小姑娘回轉啊！拿麼要問，哪哈樁事體？拿麼陳文虎一長二短，三方四圓講撥了老太太聽。老太太肅然起敬，翹翹指頭，格個小姑娘好！好勒啥場化？叫忠心勿二，格點心跡可嘉！情願吃苦，匼要來尋找丈夫，格種心跡勿得了！所以老太太交關歡喜金秀英。好言安慰，說秀英啊，倻放心，到仔伲埃搭點就像到自家屋裡向一樣，我拿倻當囡囡看待，倻放心。拿麼居然來匼來哉，老太太抱孫子心切，就說實嘎，倻一個黃道吉日四月十四拜堂成親。越早點成親越好，我好早點抱孫子呀。拿麼一邊麼日腳撥好，舒齊完備，外勢發帖子出

〔註156〕橫勢：吳地方言，反正。

〔註157〕有心嘎：吳地方言，事情做到底。

〔註158〕場怕：吳地方言，怕、生怕。

去。一邊麼，馬上喊啥人？馬上喊媳婦小姐，大媳婦陸三姑。喊大媳婦陸三姑下來啥事體呢？喊陸三姑下來，老太太關照伊，說媳婦啊，伍篤格小阿叔麼要討家主婆哉。我呢年紀大哉，外出裡進，人客招待招待，格點事體呢要包勒僚身浪哉。僚格兩日辛苦點，佈置新房，鋪床疊被，招待賓客啦才要儂擔承。

　　陸三姑滿面春風，說波太太儂放心好哉，格點事體放勒我身浪向。區區小事，何足道哉。嫂嫂為大，我有責任坳。小阿叔要討家主婆麼儂放心、放心，嘸不事體。嘴巴裡向麼講嘸不事體，心裡向狠是狠得來咬牙切齒。儂倒實頭好坳，歡天喜地想抱孫子。想想儂格小赤佬匼勿是格物事！啥人麼陳文虎佛。所以表面浪勿露聲色，等到回到樓浪向麼，就勿客氣哉佛，拿扇房門「嘭當」一關，「骨篤」一閂，搭邊浪向丫頭小春桃二個人商量。

　　（白）春桃丫頭啊，我問儂，少奶奶待儂哪哈？

　　（白）少奶奶儂待我爹親娘親勿及儂少奶奶親。

　　（白）格麼儂待我少奶奶要哪哈呢？

　　（白）上刀山、下火海亮伙怨心。

　　（白）蠻好。格麼今朝頭我有樁事體，我想要叫儂相幫我去做。我只有搭儂商量。

　　（白）少奶奶，儂有啥事體盡管說麼哉。

　　（唱）丫頭唉，叫一聲小丫頭啊，

　　　　　二少爺不該應。

　　　　　我待他千般好，他辜負我一片心，

　　　　　帶來一個賤呀賤娼根，呀得伊得喂，啊呀小丫頭。

　　（唱）叫一聲少奶奶呀，

　　　　　你的心事我知情。

　　　　　看中二公子與我來商量，

　　　　　丫頭與你想呀麼想才情，呀得伊得喂，啊呀少奶奶呀。

　　（唱）丫頭真聰明，

　　　　　七項玲瓏心。

　　　　　我要撥脫眼中釘，方消心頭恨，

　　　　　不知你可有好呀好才情，呀得伊得兒喂。

　　（唱）四月十四來拜堂，

　　如此這般這等樣。

　　撥脫眼中釘，

　　倸來做新娘。

　　丫頭的法兒你看怎麼樣？

　　呀得兒伊得兒喂，啊呀少奶奶唉！

（唱）聽罷丫頭一番話，面孔浪向露笑影，

　　這條計策實在好。

　　從此稱了我的心，

　　我不會忘記你這個聰呀聰明人，呀得伊得兒喂啊呀小丫頭唉！

（白）春桃妹子啊，倸一定要做到萬無一失！

（白）倸放心好哉，包勒我身浪向！

　（表）格麼老聽眾要問，兩個人到底商量格啥格計策呢？我馬上就要說著。辰光蠻毫燥，眼睛一眨，四月十四吉日來臨。陳府浪向掛燈結彩，交關鬧猛。親眷朋友才來哉。因為新娘已經來哉，勿坐轎子，就勒廳堂結親。廳堂佈置勒偏南，新房佈置勒落北，格個是另有安排坆。

　　結親辰光已到，掌禮先生問：

（白）新娘子阿曾打扮好哉？

（白）打扮好了。

（白）新郎倌呢？

（白）差勿多哉。

（白）既然才打扮好，結親開始。

（唱白）福禧堂浪恭新倌，

　　　　五子登科天下傳。

　　　　早生貴子男和女，

　　　　孩兒妻子保平安。

　　　　奉請新貴小姐長腳抬升，

　　　　鳴炮！

（表）「嘭、咚、嗒……」

（唱白）奏樂！

　　　　一請新郎登堂來，

　　　　牛郎織女喜相會。

　　　　　今日新郎小登科，

　　　　　勝似牛郎入天臺。

　　　　　二請新郎，三請新郎，登堂穩步。

　　　　　紅綠牽巾六尺長，兩面一對小鴛鴦。

　　　　　當中打個同心結，白頭到老百年長。

　　　　　恭揖成雙揖，下立拜平身。

　　　　　一拜天地，

　　　　　二拜高堂，

　　　　　夫妻對拜，

　　　　　送入洞房。

（唱）咪哩嗎啦入洞房，

　　　　親眷朋友來拜挑方巾。

（表）親眷朋友才是女眷，「嗯落……」往准樓台浪向去看挑方巾。新郎倌拿起秤紮鈎，剛剛要想挑，只聽見外勢有人勒浪喊：

（白）不好了！前廳失火了！

（表）丫頭等輩，阿媽娘娘落亂紛紛。新房間裡向倌喜娘格匣亂仔手腳。

（白）喔唪！

（白）啊呀！

（白）勿靈光哉，哪哈前廳有火啊？

（白）啊呀，啥物事？救火哪！

（白）啊呀，快點救火哪！

（白）走啊，救火啊！

（白）救火啊！

（表）「澀、澀、澀……」走到新房間裡向剩新娘子一個。陳文虎一道出去。啥事體？指揮救火呀。

　　俫麼出去，樓下頭立好二個人，如裏〔註159〕二個？一個春桃，一個是陸三姑。格個戲法就開始，叫調虎離山。新房做勒北面，南面著火。實際上是臘梅丫頭去放格火，燒脫一個柴房間。拿麼悟篤才勒南面救火麼俚篤北面好做事呀。勒浪格個辰光麼，臘梅丫頭奔到哉。

（白）少奶奶！

〔註159〕如裏：吳地方言，哪裡，哪。

（白）噯！

（白）成功哉、成功哉！

（白）快點走呀！

（白）新房間裡向阿有人哉？

（白）嘸不人哉呀！

（白）啊嘞，伍伲上去呀！

（白）上去哪！

（表）「沓、沓、沓……」，臘梅丫頭是雙大腳。現在一路走一路講。

（白）啊呀，俿去盯牢格個陳文虎。

（白）我關照俿，少講覅開口。

（表）實際上俚篤是咬耳朵坄，今朝為提醒伊才響了一點。竄到樓浪向麼勿客氣哉，看見新娘子頭浪向格花蓋頭還嚙掀脫，格臘梅丫頭「騰」，從邊浪向拖過來一條被頭，拿金秀英「豁浪噹」一撳。伊拿被頭將人撳好了，下頭拿伊格身體壓牢麼，金秀英想啥格路數，有人想害我？拼命格犟。俿拼命格犟，格臘梅丫頭吃勿住了。對格春桃丫頭搭陸三姑望望，哪哈俚篤像艾木頭！格麼我吃牢少奶奶勿來，吃牢春桃篤定好了。

（白）春桃！

（白）噯。

（白）叫俿覅開口哪！

（白）來哉、來哉！

（同白）「嗨、嗨、嗨……」勿動哉！勿動哉！

（白）春桃，拿俚衣裳剝脫來。

（表「嘰哩嘎啦」，衣裳才剝脫來。

（白）少奶奶，恭喜恭喜啊！

（白）快點！

（表）臘梅丫頭「滋」抽出來一條褥單麼，拿金秀英包得賽過只包裹。統統舒齊完備，往准身浪向「嗨」一背。老聽眾啊，我說書蠻輕鬆，實際上格憨大背得蠻吃力坄。啥道理？俿覅看就一個人，如果說一個活人，實嘎氣力大一點，阿好馱？篤定好了。同樣一包米照樣馱得起。拿麼俚現在背格是個死人，雖然講起來只有七八十斤，格個物事死鼎鼎格呀，真傢夥！匣吃力坄。

（白）毫燥！

（白）啥事體啊？

（白）要背到亂墳崗。格個名堂叫啥？叫毀屍滅跡。讓我毫燥走呀！

（唱）背起新娘急急行，

　　　　毀屍滅跡到亂墳崗。

　　　　大奶奶看中二少爺，

　　　　一心要想夫妻成。

　　　　一箭雙雕蠻成功，

　　　　唯有我往准亂墳崗。

　　　　一路行來無耽擱，

　　　　已經來到荒墳崗。

　　（表）駄仔已經到了亂墳崗。阿有幾化路？離開屋裡向二、三裏路光景。拿格金秀英往准亂墳崗荒灘裡向「騰」一篤。一看格條褥單倒鋥刮齊新，篤勒埃搭有點匿麻〔註160〕垓。格麼哪哈？讓我腰腰〔註161〕好帶轉去，匣好派用場垓。格念頭浪轉，生死麼，有點啥物事啦！拿麼俚麼回轉去。

　　徛麼回轉去，拿麼留下來格一應事體，金秀英阿死？新房間裡缺脫新娘，陳文虎到仔新房間裡，將會起到哪哈樣子格變化？格家人家最後格結局到底哪哈垓？請各位老聽眾——

　　（唱）將息精神到來臨，

　　　　　下回之中再享受。

第五回　文虎遇救

（卷前曲）

一稀奇，穀蜢〔註162〕吃脫一隻大雄雞；

二稀奇，石臼氽勒太湖裏；

三稀奇，三層樓浪小姐要生三眼須；

四稀奇，師姑庵裡找女婿；

五稀奇，黃牛特勒〔註163〕煙囪裡；

六稀奇，六十歲公公睏勒搖籃裡；

〔註160〕匿麻：吳地方言，捨不得。

〔註161〕腰腰：吳地方言，折、疊。

〔註162〕穀蜢：吳地方言，蚱蜢。

〔註163〕特勒：吳地方言，掉在。

七稀奇，七根篙子插勒竹管裡；

八稀奇，八仙桌放勒只大碗裡；

九稀奇，酒家開勒碗蓋裡；

十稀奇，馱風船馱到麥田裡。

小晚生稀奇二字唱勿盡，

讓得我篤落開文正卷提。

（表）拿麼回過頭來要交待啥人？要交待陳文虎。陳文虎勒啥場化？前庭失火，陳文虎帶仔底下人，指揮俚篤救火。一看，還好，燒脫一個柴房間。格個嘸不大道理垓，一場虛驚。拿麼等到拿火救陰〔註164〕麼，各人吃酒格吃酒，白相格白相，晏模樣〔註165〕人家各自回轉去。陳文虎到娘格房廳浪向匣要去安慰二、三聲。拿麼準備回轉到新房之中。

（自白）人逢喜事精神爽，歡天喜地迎新娘！時光勿早，讓我走啊！

（唱）譙樓打罷三更鼓，

　　　陳文虎洞房花燭小登科。

　　　見房中家人已安睡，

　　　我正好上得樓頭看嬌娥。

　　　興沖沖往把樓臺上，

　　　啊——為何房內無燈火？

（表）一到新房間裡向，艾〔註166〕脫！只看見新房間裡向龍鳳花燭吹陰脫。拿麼伊奴動腦筋，到底啥格路數〔註167〕呢？一想對垓，前廳失火，新房間裡向一個人匣炎不，新娘子多小心，拿蠟燭火陰脫。格麼俗吹匣吹陰脫哉，我匣勿高興上燈哉，辰光晏模樣哉。開聲金口，早點睏覺。陳文虎犯個啥格失誤？犯個僥幸心理失誤。貪懶粗心大意。拿扇門「嘭」一關，「骨篤」一扇。走到床門前一看，「嗨嗨」，只看見新娘子倒實頭老實垓，還坐好勒浪，紅著頭還蓋好，格麼俗管俗睏覺好了。現在哪哈呢？阿要去挑紅蓋頭？勠挑哉，扼扼〔註168〕脫麼拿當〔註169〕。起二個捐頭，紅蓋頭一扼。哼，新娘子怕難

〔註164〕陰：吳地方言，熄滅。

〔註165〕晏模樣：吳地方言，差不多樣子。

〔註166〕艾：吳地方言，呆。

〔註167〕路數：原因、緣故。

〔註168〕吳地方言，拿、揀。

〔註169〕拿當：吳地方言，就這樣了、算了。

為情埃，頭麼沉倒仔，一沉一沉。月下看美人，格倒蠻有味道埃。現在上前開聲金口，早點安息睏覺。

（白）唷，娘子！

（表）格聲娘子喊下來嘸不回音埃。照道理要開金口回聲官人，格個叫應口。拿麼小夫妻同吃交杯酒，為點啥嘸不聲音？新娘子調脫哉呀！前面書裡曉得埃，調啥人？調阿嫂陸三姑。三個號頭格肉落脫八斤得了！才是為格啥呢？金秀英啥場化去？金秀英「睏弓」。格麼倈順個方便，點蠟燭，挑紅蓋頭。一看，拿麼格叫老底子。現在廿歲以上勿曉得埃，六十歲朝上才曉得埃。老底格結婚才帶鳳冠霞披，鳳冠霞披門前有個珠珠埃，裡向麻子缺嘴看勿出埃。要七日工夫卸頭披，拿麼俚卸脫來標緻麼標緻，勿標緻麼勿標緻了。四月十四月亮光蠻好。老底子嘸不玻璃埃，窗格子浪用紙頭糊埃。格光線勿哪哈毫，倈話看勿出麼看得出埃，倈話看得出麼五官標緻看勿出埃。再話門前有珠珠蕩勒，鳳冠霞披勒浪，大打扮，倈看阿認得？！出差勿多埃。拿麼俚要回官人哪哈回法呢？阿回得落？外國人麼嘸辦法哉，中國人有辦法埃。中國人格文字多，一個字，一捺一撇一勾，格一捺裡向有幾化字得了。拿麼伊奴好回答倈，叫聲官人？伊奴格頭稍微牽一牽——

（白）唔……。

（自白）回答倈哉佛。新娘子老孃哉，按照道理我叫倈娘子倈應該回我聲官人。伊回聲「唔」，格麼說明啥？怕難為情。現在勿肯叫我官人，到辰光再講。現在哪哈呢？讓我來安慰安慰俚。

（白）娘子啊，方才是柴房失火，虛驚一場，沒有什麼損害，娘子放心便了。

（自白）格把火是我放格呀！燒得過份多麼我匣勿捨得格呀。仍舊可以回聲埃。

（白）唔……。

（自白）還是「唔」啊，格是今朝頭我是板要叫倈開仔口完結。

（白）喔，娘子，腹中可飢餓啊？

（表）是佛，難問題來哉！肚皮餓勿餓必須要實嘎嚇出來埃。陸三姑聰明是聰明埃，往往有種聰明人勿做聰明事體埃，聰明過頭勿轉彎做文章。陸三姑心裡想：

（自白）我怪來怪去勿識字佛，我老早讀書嘴巴還要巧了。格麼哪哈回

答呢？我可以回答倷。倷看勿出我垓，蠟燭火陰脫哉呀。

（表）格頭稍微偏上一點點，門前外加有珠珠吊勒嗨，看勿出垓，格頭一搖。

（白）唔……。

（自白）覅吃。「唔」就代表覅吃。陳文虎心裡向轉念頭，居然覅吃麼早點休息吧。要講閒話麼，喏，床浪向匣好講垓。

（白）居然如此，娘子，時光不早，早些安睡吧。

（自白）格點號頭我就等格一日！

（表）倷格聲閒話音齣斷，陸三姑格動作快得勿得了，像雷電一樣垓。「劈嚦啪啦」，鳳冠霞披全部卸腳，卸剩幾化？內衣內褲，被頭洞裡「撲」一鑽。

（自白）喔唷，速度倒實頭快了佛！已經睏覺哉。格麼哪哈尼？倷睏覺，我匣要卸衣裝哉。

（表）紗帽探一探〔註170〕，袍卸一卸，匣脫到內衣內褲。往准被頭洞裡向一鑽，剛剛要想開口講閒話。

覅開口哉，陸三姑睏勒裡床，陳文虎睏外床。陸二姑格只順手勒浪格只枕頭浪向，小夥子齊巧睏勒大姑娘只臂膊浪向。還有一隻手空勒嗨，勒浪小夥子胸膊頭「嗒、嗒、嗒」三擼。

倷好「嗒、嗒、嗒」三擼垓？嗒嗒嗒三擼麼，哪哈結果？那是話勿連牽哉，格被頭洞裡格事體哪哈講法呢阿對？總而言之，一宵已過，直抵來早。實嘎樣子一來麼，陳文虎糊裏糊塗搭了個陸三姑做仔半夜夫妻。實際浪向講才講一夜夫妻，正式要講只有半夜時辰，只能算半夜夫妻。

天已經亮哉。陳文虎呢要緊起來，等到身浪檢點完畢，一看出色，家小倒實頭好睏啦。毫燥點讓我喊俚踏〔註171〕起來，要見阿婆請安垓。老法頭裡規矩大，叫早請安來夜請安。走到床門前麼，拍拍家小格肩胛。

（白）娘子啊，快快起來，要見娘親請去了。

（表）叫醜媳婦要見翁姑，荷箬裡包野菱〔註172〕。格一夜天哪哈實嘎短垓？倷一徑勿天亮幾化好。做壞事格人覅天亮垓，做好事格人日夜平衡垓，

〔註170〕探：吳地方言，往上拿掉。
〔註171〕踏：吳地方言，起床。
〔註172〕醜媳婦要見翁姑，荷箬裹包野菱：俗語，意思事情終歸要暴露、拆穿。

夜裡睏覺，日裡做事體，一曰三頓，陸三姑心裡有點亂，一想，我搭俙夫妻做哉，叫橫勢橫拆牛棚，俙終歸承認我哉。一夜夫妻百夜恩，二夜夫妻海樣深得了。「啪」被頭掀到埃格浪向。格麼俙索嘎〔註 173〕轉口匣叫官人？勿轉口講？停日〔註 174〕文龍同轉來……文龍回轉來仍舊是文龍格家婆呀！格瘟女人弄勿連牽哉。

（白）噢，叔叔！

（表）陳文虎格頭沉倒勒嗨呀，現在一看蹺起格朋友一聲「叔叔」，抬頭一望，勿是新娘，卻是阿嫂！

（白）啊呀！

（唱）一見新娘變嫂娘，

　　　急得六神無主欠調停。

　　　昨宵我做了一件糊塗事，

　　　居然還新娘少娘分不清。

　　　回轉身來嫂嫂稱，

　　　害了自己害別人。

　　　你我怎能結私情，

　　　傳揚出去難做人。

　　　如今不與你計較，

　　　有椿事體來動問。

　　　我家娘子在何方？

　　　快快交出金秀英。

　　　交出秀英倒還罷，

　　　不奕秀英我不容情！

（白）哈哈！講啊！

（白）怎樣？

（白）俙快快聽我閒話，日裡做俙阿嫂，夜裡做俙家小。俙倘然講出去啊……！

（白）嗯……？

（白）格麼我匣橫勢橫哉！

〔註 173〕索嘎：吳地方言，索性。

〔註 174〕停日：吳地方言，以後。

（白）你便怎樣？

（白）到婆阿媽面前說，倷看看哪啥辦？弄得來夫妻匟做哉，是倷反鎖房間板要扳我埃。

（白）一派胡言！我來問你。

（白）啥？

（白）我家娘子她、她、她……到哪裡去了？

（白）倷麼真嘠〔註175〕書毒頭〔註176〕！我啥格比勿上金秀英啊？我實嘠嘠標標緻緻只面孔配勿上倷啊？！

（白）你還我的秀英、還我的秀英！

（白）格秀英老早撥我撳殺哉！

（白）啊——啊！

（表）格歇辰光好聽見格兩聲閒話埃？陳文虎怒從心頭走，惡向膽邊生。到格歇辰光，伊想著開始要動手哉。拉起來對准格浪向陸三姑埃搭，格個叫啥？蘇州人講起來啦，叫耳光。包括伲蘇州吳江縣，才喊耳光埃。無錫人叫啥？無錫人叫「巴壯」。啥叫啥「巴壯」？我請教過，嘴巴旁邊頂頂壯格一塊叫「巴壯」。蘇北人勿叫「巴壯」，蘇北人叫啥？叫「嘴巴子」。浦東人叫啥？叫「搭搭」。現在陳文虎拉起手來對準陸三姑面孔浪向「啪嗒」兩記耳光！

（白）找到了秀英——

（唱）再來與你總算賬，

　　　　小生此時下得樓來往外行。

（表）表一路浪嚮往准外勢跌跌撞撞出來麼，旺琅旺琅喊：

（白）蒼天哪！蒼天哪！秀英啊秀英！你在哪裡！你在哪裡啊？

（表）倷旺琅旺琅喊金秀英。金秀英哪哈聽得見哦！小夥子一路浪向奔出來，奔到路口，沒有路了。啥格路數？前面一條大運河攔住去路。只看見河面浪向浪頭「咣當、空咚」。陳文虎想：

（自白）我上對勿起列祖列宗，當中橫裡對勿起爺和娘，尤其是對勿起家小金秀英！我活勒浪還有啥格味道！我哪啥會得實嘠粗心大意？！

（白）罷——啊！爹爹，不孝孩兒前來請罪！娘子啊娘子，秀英啊秀英，文虎我也來了！

〔註175〕真嘠：吳地方言，真正、真的。
〔註176〕書毒頭：吳地方言，書呆子。

　　（表）兩足一蹬，「騰⋯⋯」，聽到埃搭點，有兩個老聽眾，俚思想高度集中，駁板〔註177〕垓，「騰」一來終歸「唥隆格咚。哪哈嘸不「唥隆咚」呢？有趟我到村浪向說書，一說到「騰」，倒說下頭格聽客對准我「唥隆格咚」。勿「唥隆咚」哉，要等歇點呀，啥事體？搭救星到哉，驚見一條由南向北——

　　（唱）搖過來一隻生意船，

　　　　　船浪向端坐兩個人。

　　（表）船浪向端坐兩個人。叫船格朋友啥人？揚州南貨店裡格老闆姓趙叫趙九公，搖船格船浪人姓孔叫孔阿三。伊倈趙九公格南貨店裡向到杭州去進貨。現在講起來包租阿三格只船垓。匣算得上格老小朋友。今朝頭睏覺起得比較早，一路勒浪搖船麼，一路勒浪搭趙九公人講張〔註178〕。

　　（白）喔，趙九公。

　　（白）噯。

　　（白）倈倒實頭蹭起來早了佛。

　　（白）嗯。

　　（白）辰光還早了佛，睏脫歇好哉呀。

　　（白）我要早起垓。

　　（白）喔。

　　（白）早浪向透透空氣呀。

　　（白）早浪向吹吹冷風。

　　（白）噯，船浪人啊，倈昨日頭講格只故事蠻好聽。

　　（白）阿是蠻靈光垓。阿要今朝再搭倈接下去？

　　（白）我孨聽哉。

　　（白）今朝頭孨聽哉？

　　（白）我聽過格物事孨聽垓。現在格船到啥場化哉？

　　（白）喔，現在啊，現在已經到仔蘇州城。

　　（白）喔，好場化。

　　（白）阿要搭倈上上岸？

　　（白）嗯。

〔註177〕駁板：吳地方言，一定。
〔註178〕講張：吳地方言，相互說話。

（白）去買點蘇州格土特產。

（白）勁哉。

（白）「黃天源」格糕團。

（白）嗯。

（白）「采芝齋」格奶油瓜子。

（白）嗯。

（白）「陸高薦」格醬豬肉。

（白）嗯。

（白）味道蠻靈光垓。

（白）勁。俫講起蘇州麼我倒有樣物事。

（白）啥格物事？

（白）有句古話叫「上有天堂——」

（同白）下有蘇杭」！

（白）噯、噯、噯。

（白）叫勿到蘇杭，死仔冤枉。

（白）死仔冤枉？

（白）噯、噯、噯。

（白）嗨嗨，格聲閒話說出來笑笑。不過蘇州好物事多垓。

（白）蘇州多垓。

（白）蘇州歷朝下來有好物事。

（白）噢。

（白）蘇州有園林。

（白）園林好垓。

（白）有絲綢。

（白）絲綢靈垓。

（白）有昆曲。

（白）喔唷，格昆曲實頭糯垓。

（白）還有隨便唱出來格吳歌。

（白）喔，搖船人唱格吳歌。

（白）噯，開口麼實嘎琅琅。

（白）山裡向人唱格麼叫山歌。

（白）噯。唱唱麼想著俚心事哉，叫著想著心上人麼是情歌。

（白）噯，對垓、對垓。

（白）麼對垓、對垓，倷阿會得垓？

（白）倷問我阿會得？

（白）嗯。

（白）哼，老聽眾啊，我別格勿會得，唱情歌啦拿手戲。

（白）倷麼老。

（白）噢。

（白）倷家小嘸不。

（白）嗯。

（白）倷哪哈會得唱情歌？

（白）格個倷勿懂哉。

（白）拿麼我要問起米哉。

（白）有仔家小就勿唱情歌哉。

（白）啊？

（白）嘸不家小麼想家小伊只好唱情歌。

（白）喔唷對垓。

（白）叫解解悶氣。

（白）喔。

（白）倷阿要解解悶氣？

（白）格麼我告訴倷，齊巧我要聽情歌。

（白）噢。

（白）倷會唱情歌。拿麼我要講兩聲。

（白）哪哈？

（白）倷唱得來要唱到底，唱得來對我格心，對我格胃，對我格肺，唱得來我魂特脫。

（白）嗯？

（白）一個號頭撥倷三兩銀子。

（白）真垓？

（白）駛佛〔註179〕。

─────────────
〔註179〕駛佛：吳地方言，是的。

（白）格是我討家主婆好佲照牌頭哉！

（白）「哈、哈、哈……！」

（白）噯。

（白）佲來來看，一兩銀子難拿垓。

（白）三百隻山歌唱下來，夠說討一個家主婆。

（白）嗯？

（白）二個好討垓。

（白）格是我要稱份量垓。

（白）嗯。

（白）我稱得出份量撥佲銅鈿銀子。

（白）格麼稱勿出我夠垓。

（白）好。

（白）痛快垓，我保險好唱搭佲格魂。就實嘎點本事。

（白）我活仔五十九歲夠特脫一次魂唉。

（白）我還要交待幾句。

（白）噢，聽聽看。

（白）不過閒話要講勒前頭垓。佲聽吳歌麼匭是內行，一隻吳歌只有四句啊。

（白）四句好哉。

（白）夠到辰光佲叫我唱唱唱，唱勿光事體大哉。

（白）只要物事好佛。

（白）格麼蠻好。

（白）好垓。

（白）我先來試一隻撥佲嘗嘗味道看。

（白）好垓。

（白）來來看——

（唱）姐妮生來麼啊賽過活觀音，

　　　看得我伲情歌郎有點混沌沌。

　　　小阿姐小眼一眽小嘴一牽對佲實嘎嘻一嘻，嘻得我伲格情哥郎，

　　　啊賽過落脫格大頭魂。

（同白）轉來吧！

（白）倷哪啥曉得倴特脫魂垓？

（白）我哪哈勿曉得？

（白）噢。

（白）我現在約模唱唱倷魂特脫了。

（白）我現在格魂轉脫勒浪倷身浪向了。

（白）噢！

（白）拿麼我撥倷銀子哪。

（白）啊呀，講講啦無所謂垓。

（白）格麼閒話要講轉來了哪，我為點啥勒杭州停頓了半個號頭勿回揚州？

（白）噢噢，我想貨齣進著吧？

（白）勿是貨進勿著，拿麼我勒杭州白相呀。倷曉得格西湖有十八景。

（白）唔。

（白）北西湖有格斷橋垓。

（白）對垓。

（白）我去看看格塊橋阿曾斷脫。

（白）噢。

（白）拿麼勿曉得格塊橋麼勿斷脫。

（白）噢。

（白）拿麼我立勒格橋面浪向看四景。

（白）噢。

（白）倷阿曾曉得，橋下頭上來一個人，啥人？

（白）勡說得垓，肯定是個美人。

（白）拿麼倷內行哉。

（白）噯。

（白）格個美多嬌，我看上去眼睛爍一來，面前一亮。

（白）喔！

（白）小阿姐對我格雙眼睛一瞇，小嘴一撅。

（白）喔。

（白）笑一笑一對酒窩。

（白）喔！

（白）我頭一昏腿一軟，往准湖裡向「噁隆格咚」！

（白）啊呀救命唉！

（白）滾俉篤娘格蛋！

（白）啥？

（白）等格歇辰光救上來麼已經勿曉得哉。

（白）噢，對垓。

（白）唉，小阿姐「嗒」一把揪牢我，拿麼俤想，叫一見鍾情。

（白）格麼俤揚州還有一個家主婆。

（白）我揚州格家小養三個佝子四個囡圊。

（白）俤夠熱昏。

（白）噢。

（白）養仔四女三男？

（白）嗯。

（白）俤想是想養三個佝子四個囡圊，可是據我曉得，俤夯髭琅當
〔註180〕才勒只有一個囡圊。

（白）夠拆穿佛。

（白）板要拆穿垓。

（白）啊！

（白）唉！

（白）講呢板要講多子多孫。

（白）對垓、對垓。

（白）拿麼實嘎多二個麼俤看阿對？

（白）對垓、對垓。

（白）唉。

（白）阿有道理？

（白）有道理垓。

（白）阿好聽？

（白）好聽。一兩銀子啊。

（白）值垓。

（白）值垓！

〔註180〕夯髭琅當：吳地方言，總共。

（白）喏，居然值垓，我再唱只山歌撥倷聽聽。

（白）噢。

（白）格只山歌我多加二段。

（白）喔，格是便宜哉。

（白）銅鈿銀子只出得一兩。

（白）好，格是謝謝哉！到底老客人。

（白）格只山歌倷聽起來還要好聽。

（白）喚。

（白）我要唱到倷哭。

（白）隨便啥格才要老客人喔。聽宣卷匣要老客人。老客人伊買格呀。

（白）要唱到倷哭。

（白）噯。

（白）要唱到倷笑。

（白）勿笑。

（白）唱到倷小家婆來。

（白）匣勿哭。

（白）哭。

（白）小家婆勒浪邊浪哭勿出佛。

（白）我自有辦法佛。

（白）那就聽聽呀。

（白）來來看。

（白）來來看！

（唱）五更三點天亮哉，
　　　小阿姐格房門勿肯開。

（白）勿肯開佛，要回轉哉佛。勒浪動身哉，新娘小阿姐勿捨得，勒浪門口頭一戳。

（唱）小阿姐八幅羅裙顛倒顛，勒浪眼睛浪向揩眼淚，
　　　郎啊郎啊倷麼去仔阿要幾時再轉來。

（白）一年、一年，啊！

（哭）太長佛！

（白）要死快哉，講好了勿哭格呀，倷揩脫仔啊。

（白）俫唱到回轉麼，想著我格家主婆。

（白）格麼俫出來幾化長哉？

（白）一年呀。

（白）一年太長哉呀。

（白）是格呀。我杭州進貨到揚州，來回一趟起碼一年。

（白）我格只山歌裡向格人回轉得算得早，我還要講伊俫嘸良心。

（白）格麼郎哪哈講呢？

（白）我照樣講得盡興。

（白）格麼我聽聽看。

（唱）郎說道正月梅花、二月杏花、三月桃花、四月薔薇、五月石榴、六月荷花，但等七月鳳仙透水，

　　　　俫敹將我等嘘。

　　　　但等到丹桂飄香，

　　　　我搭俫麼再相會。

（白）滾悟篤娘格蛋！

（白）我曉得俫要跳起來格佛。銀子嘸不哉，阿是俫要跳起來哉？

（白）哪哈勿跳呢？

（白）哪哈呢？

（自我）老聽眾啊，我生活當中要一年碰頭，伊俫格只山歌裡向麼阿好讓俚篤早點碰頭。我出銅鈿銀子坆，格麼只好近點哉，近點麼我好省點佛，阿對啦。

（白）格麼俫敹急哪。

（白）噢。

（白）俫搭我商量好哉佛。

（白）那搭俫商量哉。

（白）我搭俫老朋友哉。

（白）我搭俫老朋友哉。

（白）格麼蠻好，讓俚早點轉來。

（白）便當。

（唱）格麼六、七月轉來。

（白）還要早點。

（唱）格麼四、五月轉來。

（白）還要早點。

（唱）格麼二、三月轉來。

（白）還要早點。

（唱）格麼正月底轉來。

（白）還要早點。

（唱）格麼索嘎勿去哉！

（白）撥倸一兩銀子！

（表）兩個人勒浪唱山歌。一路搖一路唱，唱得格只船賽過勿動，陳文虎「騰」一個鷂子翻身，一個倒栽蔥，「唥隆格咚」……搖船人眼快手快，撸綁一鬆，拉起手，一把抓牢伊格腰帶，拿伊格人往准船浪拖過來，拉牢一把頭髮，托牢只屁股，「嗨」一用力，拿伊救上來。救到上頭一看，還好，小夥子還醒勒嗨。趙九公一看格小夥子眉清目秀，一表人才，倒要問問俚為啥要尋死？

（白）倸啥事體要尋死啊？

（表）陳文虎為點啥尋死？只恨糊裏糊塗搭阿嫂做仔半夜夫妻。叫上對勿起父母，下對勿起大佬倌，還最最對勿起自家格家小。伊死我匣尋死。格麼到河裡去尋尋家小勿見麼，到陰間追勿上哪哈辦法？人榻冷啥格格事體辦勿成，叫有格事體好做，有格事體勿好做。

（白）我格事體講撥倸聽聽。恩公！

（白）噯。

（白）謝謝你的救命之恩啊！

（白）格就麼講哉！

（白）恩公。

（唱）蒙動問道細詳，
　　　稱聲恩公聽我論。
　　　我名三字陳文虎，
　　　家住姑蘇陳府門。
　　　哥哥出兵打仗去，
　　　留下文虎在家蹲。
　　　四月十四好良辰，

我與秀英來成親。
誰知平地風波起，
柴房失火起禍根。
娘子不幸來喪身，
因此投河了此身。

（白）噢，是實嘎樣垓！

（白）是也！

（表）趙九公聽完陳文虎一番閒話，伊俓倒來得格相信。因為啥道理呢？陳文虎說得情真意切，合情合理。伊俓十分同情，好言去勸伊。

（白）公子啊。

（白）恩公！

（白）俓新婚之日，家中失火，娘子喪身，其中定有冤家作對。拿麼俓如果一死格閒話，啥人替俓格家小報仇呢？

（表）陳文虎一聽，對垓！叫留得青山在，不怕沒柴燒！

（白）恩公！到如今我無家可歸。

（白）勿要緊、勿要緊。我姓趙，叫趙九公，勒浪揚州城裡開了爿南貨店，俓如果勿嫌棄店小格話，到我店裡做個賬房先生。

（自白）想大丈夫能屈能伸，雖然我格爺封到「蔭國公」，可事到如今，也只能如此了。

（白）居然如此，多謝恩公！

（表）「啪」跪下來。從今之後陳文虎就勒浪趙九公格南貨店裡做夥計——

（唱）唱個頭來表個情。

（表）拿麼我拿格陳文虎交待脫。回轉頭來交待陸三姑。伊撥了陳文虎抄仔兩記耳光，如夢方醒。萬一陳文虎到婆太太面前去說三道四，格個後果不可設想。因此惡人先告狀，伊來到老太太面前，說陳文虎半夜三更吃醉老酒，對我強行非禮。老太太一聽還當了得！叫傭人到新房裡向拿文虎叫出來。傭人回頭來告訴老太太，說新郎倌勿見脫勿算數，連新娘子匣勿見脫哉！老太太就曉得內中有蹺蹊。因此表面浪騙大媳婦，說去尋格小子。其實銅鈿帶足，準備去尋媳婦金秀英。

再說金秀英撥了丫頭撳殺，一縷冤魂未散，從俚格身浪向飄出來……

（唱）飄飄蕩蕩往前行，

　　　一縷冤魂氣難平。

　　　年紀輕輕喪了命、喪了命，

　　　害我之人、害我之人心太狠。

　　　怨氣一口實難平、實難平，

　　　城隍台前、城隍台前報冤命。

　　　一路行來無耽擱、無耽擱，

　　　城隍廟裡、城隍廟裡到來臨。

（白）城隍老爺在上，小女子鬼魂金秀英見城隍老爺叩頭！

（表）城隍老爺勒浪宮裡向。今朝交關開心，凡人百姓化得來格銀子錢糧才有，手下頭勒浪扛進去。今朝外加伊倷格好朋友匣來了。就是閻王身邊格判官老爺。一看哪啥倷格鬼魂飄到我格殿來告狀垓。城隍老爺心經〔註181〕蠻順，今朝城隍老爺要管閒事哉！

（白）鬼魂。

（白）有。

（白）有什麼冤枉，慢慢的訴來。

（白）多謝城隍！

（表）拿麼要當殿喊訴冤。

（唱）讓我晚生停一停，

　　　下回之中再孝敬。

第六回　水落石出

（卷前曲）

時有機來運有佳，

手扳丹桂采仙桃。

祝願諸君運來好比蜂采蜜，

財來好比海上沛。

祝願得聽眾朋友們，

芝麻開花節節高，一年更比一年好。

人人腳踏扶梯步步高，

〔註181〕心經：吳地方言，心情。

小晚生好格兩字唱勿盡。

讓得我篤落閒文歸正卷，

《叔嫂風波》還剩一回團圓卷。

聽完一回團圓卷，聽眾朋友團團圓圓回家轉，

讓我晚生再來唱正卷。

（表）金秀英冤魂上得城隍廟，往准銀鑾殿上而來。萬萬想勿到，城隍老爺居然實嘎樣子和善。關照伊，有啥冤枉盡管訴來，格是我阿要講？此時勿講等待何時！所以要緊喊一聲。

（白）城隍老爺容稟！

（唱）縣狀人一名金氏女，

　　　一十六歲江蘇蘇州吳江人。

　　　為則為我年輕夭亡氣難平，

　　　今日裡在你城隍台前把怨鳴。

　　　啟稟城隍老大人，

　　　聽我金氏來訴衷情。

　　　娘家出身在吳江縣，

　　　苦命三字金秀英，

　　　父母在世樂天倫，

　　　待我如同掌上珍。

　　　一樹雖結兩個果，

　　　兄長名叫金寶根，

　　　對我妹妹多關心。

　　　自從嫂嫂討進門，

　　　屋裡向弄得三缸清水六缸渾。

　　　爹娘活活來氣死，

　　　兄長被逼命歸陰。

　　　姑嫂兩人過光陰，

　　　嫂嫂當我像眼中釘。

　　　嫂嫂名叫劉喜鳳，

　　　平日待家勿歸正。

　　　偷結私情在外邊，

還要將我另配婚。
秀英從小早配親，
配與姑蘇陳府門。
夫君名叫陳文虎，
官宦之家好出身。
那天河邊去淘米，
來了油條小光棍。
此人名叫錢化光，
作案多端欺良民。
一見秀英來調戲，
我篤脫淘籮逃回門。
錢化光追到我家門，
與我嫂嫂來商量。
三千紋銀來買我，
秀英半夜逃出門。
涼亭巧遇陳文虎，
互訴衷腸表衷心。
夫君帶我回家轉，
婆婆一見嘉盈盈。
良辰美景來揀好，
四月十四來成親。
金氏聞聽心歡喜，
從此跳出龍門交好運。
誰料樂極生悲切，
殺生大禍從天降臨。
我夫嫂嫂陸三姑，
早就起了不良心。
看中我夫陳文虎，
謀婦奪夫喪我身。
一箭雙雕多狠毒，
自己新房作新人。

會同臘梅與春桃，
亂墳崗上謀我身。
民女怨氣實難平，
一縷冤魂台前行。
哀哀上告汝城隍，
拿捉兇手把冤伸。
一告我嫂劉喜鳳，
勿該賣我金秀英；
二告惡棍錢化光，
仗勢欺人害苦命；
三告惡嫂陸三姑，
李代桃薑蛇蠍心；
四告我夫陳文虎，
新娘少娘分勿清；
還告春桃與臘梅，
充當幫凶害我身。
民女句句是真話，
還望城隍要開恩。
一併兇手全捉到，
打入地獄無怨心。

（表）城隍老爺聽得來艾脫，想勿到陰間格金秀英會得吃仔格許多格苦，有格許多格人去欺侮俚一杆子，真正苦惱。不過倷格人格陽壽斳到，外加格陰間格官司要陰間去斷，格麼現在倷到我埃搭點，我勿好斷，格麼我來幫幫倷格忙吧，橫勢格判官老爺今朝頭匣勒浪，拿來行個方便吧。所以要緊招呼一聲。

（白）判官哪在？

（表）判官老爺在旁守著，手執鋼尺。

（白）在呀！

（白）你可曾聽到金秀英陽壽已終，你速速送她還——陽！

（白）遵命！金秀英是誰？隨我來！

（白）來了——！

（表）帶仔金秀英格魂魄，一路往准亂墳崗，亂墳崗浪到來臨。判官老爺拿伊倸格三魂六魄打進眉心裡向。格麼我勿好拿俚喊醒堍。我要拿俚喊醒，伊倸要是看見我啦，嚇得了格魂啊要逃到了連我啊尋勿著。格哪哈辦法呢？判官老爺拿手一招，一張樹葉化成一雙雄雌，拿麼判官老爺回轉陰曹地府。格歇辰光格只雄雞立勒金秀英格斜角對邊「穀、穀、穀」。

（白）喔……

（唱）幽幽鬱鬱轉還陽，

　　　睜開眼睛看分明。

（表）金秀英醒哉。睜開眼睛一看麼，啊呀，埃搭點啥場化呀？格麼陰間裡格事體俚阿曉得呢？一滴點都勿曉得。叫陽間勿曉得陰間事，陰間曉得陽間事。所以現在勒浪想，屋裡向勒浪啥場化？毫燥點讓我回轉坍。現在往准外勢勒浪走出來，天浪細雨濛濛，地浪向彎是爛，讓我走啊。

（唱）走在路上往前行、往前行，

　　　讓我快快、讓我快快回家門。

　　　不佑夫君如何樣、如何樣？

　　　婆婆在家、婆婆在家將我等。

　　　行來已到三岔路、三岔路，

　　　讓我慢慢、讓我慢慢把身停。

（表）金秀英來到三岔路口，準備問訊。倸懃問哉，哪哈尼？尋倸格朋友來哉，啥人？就是婆太太。俚估計到媳婦小姐出毛病，勒浪亂墳崗格大面〔註182〕，現在尋到三岔路口麼開始咕哉。

（白）賢媳在哪裡啊！

（表）倸實嘎一聲，齊頭格風向順，往金秀英方面傳過來。金秀英一聽，喜出望外。

（白）莫非婆婆來了？

（表）老太太一聽開心啊！媳婦小姐死麼最好佛。要緊旺琅旺琅勒喊。

（白）賢媳，老身在此！

（表）金秀英一聽，實頭是婆婆！要緊像只小燕子格撲過來。總算見著親人哉！

（白）婆婆！

〔註182〕大面：吳地方言，大概、大約。

（白）賢媳！

（白）婆婆！

（白）賢媳！

（唱）一見賢媳喜又驚，

　　　想勿到婆媳相會在亂墳葬。

　　　我只道今生婆媳難相見，

　　　今日相會我喜萬分。

　　　好端端擇日與我兒來拜堂，

　　　為什麼今日一早無蹤影。

　　　我料定其中有蹊蹺，

　　　因此我特地到此將你尋。

　　　哪個人膽將你害，

　　　在老身跟前訴衷情。

（唱）婆婆到此將我救，

　　　好比枯木來逢春。

　　　四月十四好良辰，

　　　誰知曉嫂嫂前來害我身。

　　　上天入地均無門，

　　　還望婆婆把怨伸。

（唱）你大難不死有福增，

　　　婆婆我對你秀英像親生。

　　　陸三姑耀武揚威興風浪，

　　　我與你京城之中把怨鳴。

　　　只要留得青山在，

　　　那陸三姑法網恢恢難逃活命。

（表）總要婆婆相救媳婦垓。

（白）賢媳，此間勿是講話的所在，隨我來。

（白）婆婆當心了。

　　（表）老太太帶仔媳婦，離開蘇州，預備到京中尋找清官告狀。哪裡曉得到航船裡向，滸墅關剛剛過，婆太太帶出來格包裹撥了賊骨頭偷脫。作孽哪，婆媳兩個人一無所有。還是老太太經歷多哉，安慰媳婦，勸急，我搭倈討

飯到京城。婆媳雙雙含辛茹苦，一路討飯到無錫，到常州，到鎮江，過長江，到揚州。到今朝奇不奇、巧不巧，齊巧討到趙九公——

（唱）格爿南貨店，

　　　　巧還賬房先生陳文虎。

（表）陳文虎看見婆媳兩人，又驚又喜。先行上前拿篤接到裡向。母子團圓，夫妻相會，內堂再去拜見趙九公。趙九公交關高興，安慰俚篤說，勿嫌店小，吃住嘸不問題坥。從此之後，母子三人就在趙九公家中安身。光陰似箭，轉眼三年。拿麼我要交待陳文龍。

陳文龍出征邊關，憑一馬一條槍，殺平番邦，班師回朝。皇帝封伊為王爺九千九百九十九歲。現在榮歸回鄉，路過揚州，當地衙門才要淨水潑街，皇土墊道，迎接王爺千歲。

金秀英聞訊，喜出望外，中冤格機會來哉！所以馬上寫好狀紙，往准接官亭而來。看見官船一到，就往准水裡向合撲格撲落去。告狀有多種多樣坥，有格撲水告狀，有格滾釘板告狀，格釘板格釘才要一儕得了，實嘎滾過去儕看阿結棍！儕告狀弄得勿好要楊冷！現在金秀英一路朝河裡撲麼，一路嘴裡向勒喊。

（白）大人！小女子有冤情啊！冤枉！

（表）啊！看見外勢有人朝河裡竄仔下去，格個當差眼快手快麼已經來勿及哉，河裡匣到了。拿麼現在看儕下去麼一個當差手快，「騰」一杆篙子直接往准俚蠟燭腿浪一紮，「嗨」一拎，拎到上頭。總算還好，嘸不啥大格影響，要緊到裡向。

（白）稟王爺千歲。

（白）怎樣？

（白）外面有個小女子，前來投水告狀。

（表）陳文龍中里向轉念頭，世界浪有格種人坥，告狀告到我頭浪，告狀麼有衙門佛。投水告狀，事體蠻大，我來行個好事吧。

（白）將告狀女子帶入內艙，不得難為。

（白）喳！

（白）喂，王爺有令，把告狀女子帶進內艙，不得難為。

（白）走、走。

（白）啊……！

　　（表）金秀英身浪向格水，「滴瀝嗒啦」淌下來。格麼狀紙要濕脫格啦，伊才封好格呀。到廳堂，「撲」跪下來。

　　（白）王爺千歲在上，小女子叩頭！

　　（白）小女子。

　　（白）嗯！

　　（白）你有何冤情？抬起頭來。

　　（白）叩頭！小女子不敢抬頭。

　　（白）賜爾無罪，只管抬頭。

　　（表）頭「豁」一抬，兩個人倸對我望望，我對倸看看，阿認得？勿認得，見過面呀。實在下頭跪勒浪是倸格弟媳婦，上頭坐勒嗨是倸格大伯。

　　（白）小女子。

　　（白）大人！

　　（白）你來告狀，可有訴狀？

　　（白）有的！

　　（白）呈上來。

　　（表）金秀英「嗒」，狀紙拿出來，當差一接，送到陳文龍面前公案浪向攔一攔。陳文龍睜大兩只眼睛，心想讓我來看看格張狀紙，倘然事體蠻嚴重垓，格麼我就吩咐揚州當地衙門，拿俚格樁案子判一判拿當。格是我去開口，一句閒話。等到從頭至尾拿格張狀紙看完，一看勿相信，再來看二遍，第二遍一看勿相信，再看第三遍麼勿靈光哉，兩只眼烏珠〔註183〕往准頭瓣骨裡向一翻。

　　（白）啊……！

　　（白）啊、啊！倒了、倒了！

　　（白）怨啊……！

　　（唱）昏昏沉沉轉還魂，
　　　　　　喪盡良心撥狗吞盡！

　　（自白）格個跪勒我面前格是我格弟媳婦，格個被告是我格家主婆。我出去三年，屋裡向格家人啥臭得實嘎樣啦。家主婆去搭我格兄弟搞七廿三。那現在哪哈弄法呢？格許多格人勒嗨呀，一歇歇倒嘸啥弄頭。唉，格麼哪哈呢？讓我先去報仔恩，見仔面了再講。

────────────

〔註183〕眼烏珠：吳地方言，眼睛。

（白）金秀英。

（白）噯。

（白）你家婆母現在哪裡？

（白）在揚州趙九公南貨店中。

（白）喔、喔、喔。既然如此，本位要親自前往。

（白）好！

（表）啥叫啥本位？王爺就稱自家叫本位。拿麼如果說是巡撫大人，就稱自家本部堂。皇帝自稱寡人，叫孤家寡人，最大。現在陳文龍一聲吩咐。

（白）來，速速傳令下去，備轎前往趙九公的南貨店！

（白）喳！王爺千歲有令，備轎前往南貨店囉！「喔——喔！」、「——！」。

（表）號令聲聲，鳴鑼開道。拿麼拆爛汙〔註184〕哉！儂好實嘎一喊垓！別人當仔揚州南貨店出點啥事體，阿是要拿所有格南貨店全部戒嚴？有二爿南貨店嚇得了關門匣來勿及。趙九公嚇得了站勿牢格了。

（表）啊呀！乖乖弄的咚，韭菜炒大蔥！看上去格金秀英去搧仔只胡蜂窠了嗨。毫燥點，讓老太太逃走仔！所以要緊奔到裡向。

（白）老太太、老太太！勿好哉！俉篤媳婦小姐到格個王爺千歲格搭告狀，王爺千歲現在是火得不得了！拿所有格南貨店全部包圍起來，全城戒嚴。看上去要滿門抄斬，老太太俉帶仔俉篤伲子毫燥逃走吧！

（表）老太太格年紀剩三分哉，平常百日俚彎腰屈背。格狀紙俚親手寫垓，俚曉得俸王爺千歲看見格張狀紙，板要到南貨店請我垓。格麼伊有啥格來頭？喏，就是靠老頭子。老頭子要封到蔭國公公爺得了，見官要特別垓。趙九公急煞脫了，勿曉得格個禮數，伊嚇壞脫哉！

（白）趙九公。

（白）噯，啥事體？

（白）不必害怕。

（白）喔，覅害怕。

（白）速速到外面見那個王爺千歲。

（白）噯，哪哈啦？

（白）召伊前來見老身。

〔註184〕拆爛汙：吳地方言，不負責任，事情辦糟。

（表）勿得了！偌聽聽格口氣，大是大得勿得了。叫外勢格王爺千歲來見裡向格老身。阿會得格老太年紀大哉，腦子糊塗哉？想嘸不格種事體格佛。

就勒格歇辰光，外勢匣來哉。

（白）哒！

（表）趙九公是嚇得來從裡向滾仔樣滾出來埃。

（白）喔……！

（表）王爺千歲要緊過來，雙手相攙，說偌阿叫趙九公？

（白）哦，對、對、對！我叫趙九公。

（白）裡向阿有位老太太，還有個年輕公子？

（白）喔，有埃、有埃！

（白）還望容稟一聲，說我要相見。

（白）噢。唔，敢容稟哉。

（白）哪哈？

（白）老太太叫偌過去。

（白）喔，來了！

（表）王爺千歲袍服撲撲，頭浪向索發紫金冠抒抒。啥叫索發紫金冠？就是野雞毛。因為伊偌是武將，帽子浪有兩根毛。周瑜、羅成……才有格種毛。毫燥往准裡向進來，一看，是自家老太太！頭髮已經白仔交關。到門口頭趕緊上前。

（白）母親在上，不孝孩兒叩見母親！

（表）「撲」，跪倒勒母親面。前格老太太萬萬想勿到，前頭走過來對我跪勒浪格是我格子。三年工夫偌出去，屋裡向撥了格害人精弄得了一家人才破脫！我娘三個屋裡向蹲勿牢，流落他鄉三年工夫。叫家醜不可外揚，我隨便啥事體關起門來講，格個事體勿好講埃。老太太強作精神。

（白）兒啦，罷了！

（表）老太太心裡想，嘸不趙九公，匣嘸不我今朝格一日，我要叫偌去謝謝趙九公救命之恩。

（白）兒啦！

（白）母親！

（白）敢站得此裡，你速速上去，拜得趙九公恩公，要大禮，看坐！

（白）遵命！

（表）老法頭俚娘關照啥，嘸不啥格問聲為點啥物事，關照俫哪哈就得哪。哈要緊過來——

（白）唷！趙九公恩公大人，受文龍一拜！

（表）「撲」，跪仔下來。俫好跪下來垓？趙九公跌出去三丈再彈回轉。

（白）啊呀，拿麼好哉！不可、不可！

（表）弄得來像啥？趙九公聞話匣講勿連牽〔註185〕，慌忙匣跪了下去，拜個勿停。兩個人俫拜我拜，弄得來像啥？賽過一對蚯蟋蟀麼拿當！拿麼哪，老太太去拿俚篤要緊攙起來，對伲子說。

（白）好伲子啊，趙九公是一家格救命恩公。今朝頭俫就留勒埃搭吧。

（表）娘，伲子麼終歸有講勿完格恩情閒話。

拿麼宣卷啦就格點特別，勿像評彈。格個評彈是一個麼徐調，一個麼蔣調，外加慢是慢得來：一見——吾——兒……盒麼格個匣要唱哉：一見——娘——親——雙淚——流……唱起來起碼要三刻鐘啦。

酒水開出來，趙九公、陳文龍、陳文虎、金秀英、老太太，還有趙九公格夫人、千金小姐，端坐一桌，開懷暢飲，吃到酒過三，巡菜過五。巡到明朝一早，陳文龍親自邀請趙九公全家老小到我蘇州去伴玩一時，十分格情真意切。趙九公關脫南貨店，打烊停止生意，拿麼跟仔陳文龍——

（唱）一路回到姑蘇城，
　　　　要與那三姑把理評。

（表）今朝頭嘸不哈客氣，我一到蘇州就要尋著俫陸三姑評個道理。現在並無耽擱，已經來到葑門城外。號角連起，鼓樂齊鳴，「哆——哆——當」，「叭」……

（齊白）巡此府告！王爺千歲駕——到！

（表）陳府門前立好一個美多嬌。啥人？陸三姑長遠齣出場哉。哪哈麼？陳家門裡嘸不主人哉呀，伊俫現在最大。有人來哉，陳文龍做王爺回轉哉，因此要室外長跪迎接。啥格大打扮？做王爺夫人哉呀，標緻得勿得了！立勒門前，喔唷！伲男人三年勿轉來，現在轉來做大官哉呀！

（白）啊呀，官人！

（表）本來陳文龍看見家小來了，賽過像個小囡，拿麼伊要捧牢俚只面孔

〔註185〕勿連牽：吳地方言，辦不成、不成功。

了實嘎（親），現在辰光看見，只覺著噁心！看俚撲過來麼，俫來得好哇！

（白）丈夫丈夫，一丈之內是丈夫，一丈之外就勿是丈夫！嗬，跪下！

（自白）對垓，丈夫丈夫一丈。俫出去三個號頭，我就看中俉篤兄弟了俫阿曉得？因此開口。

（白）小官人啊！

（白）唔。

（白）裡向請啊！

（白）唔。

（表）王爺千歲前面往府裡走，拿麼後頭跟進旗牌官、儈子手、胸刀手，往准裡向「嗯隆嗯隆……」，一道進來。令字旗、令字架全部放好，舒齊完備。裡向帥字印往准公案前頭一放。邊浪放寶劍一口。文武官員兩廂站立。王爺千歲匣勿客氣，面孔筆板。

（白）來呀！將陸三姑這個賤人與我拿下！

（表）來仔四個當差，朝伊看，俫倒適意了嗨佛，頭浪向戴鳳冠，身上穿霞披。

（白）啊！

（白）衣裳卸脫！

（白）小官人啊！

（白）還不索綁！

（白）俫啥事體要捆牢我啊？

（白）公堂之上，不稱王爺，口稱官人，俫大膽！與我揍！

（白）啊呀，王爺、王爺……我痛勿起格呀！

（白）見過王爺千歲！

（白）王爺千歲、王爺千歲！

（白）我來問你！

（白）俫問呀。

（白）我家一切，俫格事體我才曉得垓！

（白）唉，俫勒邊關浪，哪哈曉得垓？

（白）我家的娘親，我家的兄弟，我家的弟媳，他們都到哪裡去了？

（自白）啊！我只有推勒死人身浪，死人勿關，死人勿開口垓。

（白）喔唷，王爺千歲，實嘎長實嘎短實嘎樁事體，俉篤兄弟結婚，要

麼格點小菜勿好了，吃仔才楊冷哉！

　　（自白）啥物事啊，有格種事體垓？格個四親八眷一個一死，就死仔屋裡三個人？！格麼我有心嘎逼煞搭倷！

　　（白）既然我家弟媳、我家兄弟、還有我家娘親，吃了中毒，不幸亡故，格麼屍首何在？

　　（白）啊呀，王爺千歲，老早爛脫哉呀！

　　（白）爛脫哉？

　　（白）咳。

　　（白）一派胡言！

　　（白）啊？

　　（白）爛脫麼匣有爛格地點佛！

　　（白）勒亂墳崗上爛脫垓。

　　（白）亂墳崗上爛脫？

　　（白）嗯。

　　（白）真是一派胡言！你好大膽！

　　（唱）怒髮沖冠罵一聲，

　　　　　天誅地滅喪良心。

　　　　　不守婦道的本份，

　　　　　興風作浪罪非輕。

　　　　　有心謀害金秀英，

　　　　　害我兄弟難做人。

　　　　　你這個傷風敗俗的害人精，

　　　　　快快的公堂之中來招認！

　　（白）官人！

　　（唱）聽罷言來吃一驚，

　　　　　害了你家兄弟與娘親。

　　　　　懊悔做了糊塗事，

　　　　　罪孽深重難逃身！

　　（白）小賤人！

　　（唱）人證物證多俱在，

　　　　　要想抵賴萬不能！

（白）王爺千歲！

（白）帶原告！

（白）帶原告哉——！

（表）八個丫頭，四個攙仔老夫人，四個攙仔金秀英。還有一個僮兒，隨侍陳文虎，往准公堂浪向而來。

（自白）啊呀！應該缺脫三個人勒呀。現在俉篤三個人排仔隊立勒我格面前麼，我還有啥格閒話！

（白）唉，倸、倸、倸……麨告哉！看勒我搭倸做一夜夫妻格面浪向呀！王爺，才是倸去打仗呀，我想倸板榻冷格呀！

（白）喔——喔！

（白）拿麼我想搭俉篤小叔麼叔接嫂。

（白）嗯、嗯、嗯……！

（白）肥水勿外流，格麼匢勿是我想出來格囉！

（白）哪一個想出來的？

（白）格麼我到陰間去，陰間太冷清埃。拿麼我要帶二個人侍奉我，捆勒一道，陪我一道去埃。

（白）喔，原來如此！來啊，將春桃、臘梅拿來見我！

（表）春桃、臘梅啥人？春桃就是出點子格丫頭，臘梅就是拿個金秀英捐出去格丫頭。現在匢勿留情，兩個幫凶全部提到公堂浪向。一句話，法網恢恢，疏而不漏。春桃、臘梅勒浪格種鐵證如山格面前，供認不諱，統統招了。等到招出來，舒齊完備，陳文龍怒不可遏，請得上方寶劍，先斬後奏，殺！金秀英在旁邊說，哥哥啊，雖然阿嫂有害人之心，但是伊齣把我害死。佃幾經風浪，今朝頭總算骨肉團圓。

（白）看在小妹身上，饒恕了她吧！

（表）金秀英格良心幾化好！自己吃仔格許多苦頭，一點怨心都嘸不，還要為陸三姑討情。拿麼呢，陳文龍就順手推舟。

（白）好。本來哪裡可以！現如今看在秀英面上，饒恕了你這個賤人！不迴此罪勿可活在內堂了啊！將她們三個人頭髮披去！

（唱）讓俚篤到庵堂做尼姑，
　　　敲敲木魚度終身。

（表）讓俚篤去庵堂敲敲木魚，修修身心，鬼魅勿做重做人。實嘎樣子

一來麼，格個三個人已經交待脫。

拿麼回過頭來交待陳文虎。伊「撲」跪倒大佬倌面前，說大佬倌啊，我想想真正難為情，我對勿起倷。陳文龍說倷啥格場化對勿起我？陳文虎說，我糊裏糊塗做仔倷一夜格「替身」。

（白）啊呀，拿麼真格鴨屎臭哉！格個閒話倷覅講哉呀！好兄弟啊，格個事體勿好怪倷埃。此番愚兄回轉姑蘇，還有樁喜事要告訴倷，皇帝要我帶一道聖旨撥勒倷。

（表）因為格個京城裡向格禮部天官年紀大哉，要告老還鄉哉。格個禮部天官哈地方人？據說是浙江杭州人。伊上仔一本請奏，皇帝准奏。京城裡缺脫格禮部天官，拿麼實嘎樣子一來麼，叫陳文虎接著聖旨以後走馬上任。陳文虎謝主隆恩，帶仔家小金秀英，離開姑蘇，前往京都走馬上任禮部天官，一個就是雍容華貴格禮部夫人。叫吃得苦中苦，方為人上人。

實嘎樣子一來，最最苦惱格是啥人？陳文龍。出兵邊關打仗，拿麼真格渴飲刀前血，累歇戰馬鞍，戰功顯赫，就封仔個王爺九千歲。屋裡弄得格嘸不啥！

老太太看得出陳文龍心思。心裡想，我勒趙九公屋裡向三年，趙九公格囡囡小姐對我殷勤侍奉，實頭像親生囡囡一般。所以去拜見趙九公，說我想倷格囡囡格終身配撥我格佴子，勿曉得趙九公意下如何？

喔唷！趙九公是來得格窩心佛，格是我囡囡小姐平步青雲哉！就一口答應。拿麼搭囡囡一講麼，趙九公格囡囡匣來得格高興。因為啥？伊倷搭老太太感情蠻好埃。

實嘎樣子一來麼，搭陳文龍一講，陳文龍孝子呀，聽娘格閒話，一口答應。

拿麼呢，揀仔黃道吉日，陳文龍搭了趙九公格囡囡小姐拜堂成親。一年過後，養仔一個男小囡。實嘎樣子一來麼，噷，格點大概結局就講到此地。

整個一部《叔嫂風波》，宣到埃塔。草草不恭就團圓，倘有漏洞請各位聽眾朋友批評指正。今朝揀得公歷二〇〇七年十二月十五日，農歷十一月初六好日腳，歡天喜地宣卷一台。最後祝願在座各位聽眾朋友們，身體健康，恭喜發財！

（唱）宣到此地卷來停，

　　　謝謝諸君多關心！

錄音時間：2007 年 12 月 15 日上午 10 時至晚上 9 時 30 分

磁帶編號：（吳宣）叔字第 1 號至第 6 號

翻成文字：2007 年 12 月 17 日至 2008 年 1 月 2 日

校註定稿：2008 年 1 月 3 日至 2008 年 1 月 23 日